Eu Declaro Guerra

4 CHAVES PARA VENCER

A BATALHA CONTRA VOCÊ MESMO

LEVI LUSKO

I Declare War
Levi Lusko © 2018
Published by arrangement with Thomas Nelson, a division of HarperCollins Christian Publishing, Inc.
Portuguese edition © 2019 by Editora Hagnos Ltda

Tradução
Vera Jordan

Revisão
Josemar de Souza Pinto
Raquel Fleischner

Capa original
Fresh Life Church
Pacote original de design © 2018
Thomas Nelson
Usado com autorização

Diagramação e adaptação da capa original
OM Designers Gráficos

Gerente editorial
Juan Carlos Martinez

1ª edição – Maio de 2019
Reimpressão - Novembro de 2019

Coordenador de produção
Mauro W. Terrengui

Impressão e acabamento
Imprensa da Fé

Todos os direitos desta edição reservados para:
Editora Hagnos
Av. Jacinto Júlio, 27
04815-160 – São Paulo – SP
Tel./Fax: (11) 5668-5668
hagnos@hagnos.com.br
www.hagnos.com.br

Dados Internacionais de Catalogação na Publicação (CIP)
Angélica Ilacqua CRB-8/7057

Lusko, Levi
    Eu declaro guerra : quatro chaves para vencer a batalha consigo mesmo / Levi Lusko ; tradução de Vera Jordan. — São Paulo : Hagnos, 2019.

ISBN 978-85-243-0570-2
Título original: *I declare war: 4 keys to winning the battle with yourself*

1. Autorrealização - Aspectos religiosos - Cristianismo 2. Vida cristã 3. Sucesso - Aspectos religiosos 4. Autoajuda - Aspectos religiosos I. Título II. Jordan, Vera

19-0506   CDD 248.8

Índices para catálogo sistemático:
1. Vida cristã : Autoajuda

*Para cada membro da família, amigo, colega de trabalho
e estranho que tiveram encontros desagradáveis
com a versão que não quero ser de mim.*

Sumário

Introdução: Quando o lobo se levanta   7

CARTA 1: DECLARE GUERRA AO QUE VOCÊ PENSA

1. O lobo que você nunca soube que queria ser   17

2. (+) ou (–)?   27

3. TSA na mente   41

4. O segredo para uma vida infeliz   51

CARTA 2: DECLARE GUERRA AO QUE VOCÊ DIZ

5. Tenha cuidado com suas palavras   65

6. Se você diz que é assim   77

7. Ser rude não é barato   87

CARTA 3: DECLARE GUERRA AO QUE VOCÊ FAZ

8. Retome os comandos   103

9. Inicie antes de estar pronto   113

10. O jogo antes do jogo   123

CARTA 4: ALIMENTAÇÃO *PHANTOM POWER* (A AJUDA QUE VOCÊ PRECISA PARA VENCER ESTA GUERRA)

11. Jamais traga um cavalo para uma guerra de tanques de guerra   139

12. Borboletas e águias   149

13. Uma viagem ao depósito de lixo   159

Conclusão: O ás de espadas   169

Agradecimentos   183

Apêndice A: Versículos para memorizar   185

Apêndice B: Compêndio de informações inúteis   189

Notas   193

Sobre o autor   205

Introdução

QUANDO O LOBO SE LEVANTA

Estar preparado para a guerra[1] é um dos meios
mais eficazes de preservar a paz.
GEORGE WASHINGTON

Não há nada que eu possa fazer para parar isso.

Sinto desconforto no estômago, e minha pele reluz com o suor. Pensando em todas as diferentes maneiras em que possivelmente poderia morrer pelas próprias mãos, eu abandono o sono com uma rapidez repugnante, como um boneco de teste de colisão de veículo cujo cinto está solto durante uma simulação. Minha mente voa, e meus olhos ardem. A voz em minha cabeça dizendo que vou me matar parece ser a minha mesmo, mas não está a meu favor. Sem poder fazer nada, me vejo indo em direção a um caminho de autoflagelo, e não tenho um freio de emergência para puxar. Em pânico, desorientado e assustado, pulo da cama e ando no saguão, tentando entender onde estou e por que estou com tanto medo.

Balbucio baixinho e repetidas vezes um versículo bíblico de confiança que tenho em meu arsenal. (Fique comigo até o fim, e eu o deixarei ver as armas que guardo em meu baú de guerra para situações específicas como essa.) Finalmente consigo reduzir as Rpms da minha mente de grito para um ruído baixo. O medo que pairava no ar como uma fumaça espessa e acre logo se dissipa, e começo a sentir que tudo vai ficar bem. Tiro a camiseta e enxugo a pele encharcada antes de me enfiar de volta na cama.

As variações desse ritual das 2 horas da madrugada têm se repetido até onde posso me lembrar. Nas piores noites, meus lençóis ficam tão cobertos de suor que tenho de estender uma toalha antes de tentar pegar no sono novamente. (Se estou sozinho em um hotel, simplesmente mudo para o outro lado da cama.) Em certo momento da minha juventude, esses episódios ficaram tão ruins que eu literalmente tinha ânsia de vômito por causa do medo. Meus pais se lembram claramente de que oravam por mim.

A Bíblia chama esses ataques de "terror noturno" (Sl 91.5), e no momento parece que se está preso em um labirinto sem saída. Não é sempre que tenho pensamentos suicidas; às vezes temo que o mal aconteça aos meus filhos ou temo cometer um erro com implicações enormes e terríveis. Por muitos anos, meu medo tomou a forma de um senso de pressão e urgência, como se eu fosse forçado a resolver um enigma embaixo d'água, no escuro, em um idioma que não falava, com o peso do mundo caindo sobre mim e a vida de milhares de amados dependendo da minha capacidade de fazer o que eu sabia que não conseguiria. Houve um período em que o medo envolvia grande parte dos sermões que eu escrevia e, em meu sono, parecia terrível. Nem me fale dos sonhos envolvendo cobras.

Felizmente, o sonambulismo parou quase todo. Foi muito ruim nos primeiros vinte e cinco anos da minha vida. Certa vez, quando eu era criança, minha mãe me achou em pé na frente da caixa de areia do nosso gato e, quando me perguntou o que eu estava fazendo, respondi que precisava ir ao banheiro.

"Não aqui, aqui não", replicou ela agarrando-me pelos ombros e direcionando-me ao banheiro. Meus olhos estavam abertos, mas eu não sabia o que estava acontecendo.

Em uma viagem internacional, acordei ao lado de duas máquinas de venda automática de comida e de gelo que ficavam logo depois dos elevadores; eu estava de cueca samba-canção. Tive de convencer a recepcionista a me dar uma chave antes de poder voltar para o quarto. De outra feita, acordei no saguão do hotel e presumi que tivesse sido trancado do lado de fora, mas, ao enfiar as mãos nos bolsos do roupão, encontrei no fundo dele um cartão-chave. Expressei um rápido "muito obrigado" ao sonâmbulo Levi e voltei para meu quarto. E depois teve uma vez que pulei para o assento de trás em um voo porque uma rocha do tamanho da do *Indiana Jones* estava vindo em minha direção. Acabei no colo da pessoa, bastante surpresa, que ocupava o assento atrás do meu e lhe pedi desculpa com a explicação embaraçosa: "Eu estava tendo um sonho ruim".

Os terrores noturnos não se foram, mas aprendi como lidar melhor com eles. Parece que aumentam quando algo significativo está para acontecer, como quando estou encarando uma oportunidade importante ou quando nossa igreja está para expandir.

Infelizmente, o período noturno não é o único tempo em que minha mente trava de medo; o período diurno pode ser igualmente assustador. Os pensamentos ansiosos, os medos, as preocupações e os arrependimentos que vêm ao se fugir de uma conversa que você gostaria de poder ter novamente, tudo isso pode ser igualmente difícil.

Às vezes me vejo voltando-me devagarinho para um desânimo que eu sei que levará à infelicidade. Torno-me como Bruce Willis em *O sexto sentido*. Tento evitar esse caminho já surrado, que leva a lugar nenhum. Imploro a mim mesmo: Volte! Pare de fazer biquinho. Não é essa a maneira de obter o que você quer. Use palavras e pare de se emburrar! Porém, não pareço prestar atenção ao aviso, não importa quanto agite meus braços e erga minha voz.

Tudo isso sem mencionar a maneira viciante em que me volto irrefletidamente às mídias sociais, compras *on-line* e outras distrações digitais quando estou me sentindo triste, sozinho, desvalorizado ou chateado, ou quando estou apenas evitando trabalhar em algo excelente. Oh, sim, também busco comida para me dar consolo quando estou para baixo. Carboidratos são o agente ao qual recorro para um surto rápido de felicidade quando estou triste. As calorias vazias nunca parecem preencher o vazio em mim, e estou tentando mandá-las para dentro. Sei que me sentirei pior dentro de meia hora, mas isso não me impede de mandar batata frita para dentro aos bocados.

Não sei se você consegue ter empatia com meus problemas. Talvez você nunca tenha tido de se enxugar no meio da noite como se tivesse acabado de fazer os exercícios da Orange Theory durante o sono, ou como se tivesse acabado de cueca no saguão de um hotel, mas tenho a impressão de que provavelmente você tenha situações para as quais não tem resposta, algo que o faz sentir horrorizado, preso, sozinho, vitimado pelo próprio comportamento ruim. Talvez você esteja se anestesiando com algo de que faz o *download* ou uma substância que toma, uma medicação para amenizar a dor, e isso está começando a assustá-lo. Você costumava recorrer a essas coisas para se sentir melhor, mas agora precisa delas simplesmente para se sentir normal. Talvez seja um ciclo de retaliação com seu cônjuge, o qual leva a um silêncio vicioso que ninguém está disposto a quebrar, e, se algo não mudar, seu casamento não vai durar. Talvez você esteja pronto a se demitir porque todos os colegas de trabalho e seu chefe estão contra você, exatamente como nos três últimos lugares em que você trabalhou e nas três últimas igrejas das quais saiu e os três últimos amigos de quem você acabou se afastando. Talvez seja seu temperamento. Você não cruzou a linha e atingiu alguém de fato, mas chegou perto.

Mau humor de dia ou sonhos ruins à noite. Você tem problemas em relação aos quais se sente incapaz de fazer algo. O medo debilitante em um espaço lotado de gente ou a ansiedade paralisante quando acorda sozinho. A pior coisa de ser vitimizado é que é impossível ser uma vítima e um vitorioso ao mesmo tempo.

É por isso que decidi declarar guerra, e quero que você se junte a mim.

Não tenho dúvida de que o diabo envia demônios para me apoquentar, e o mundo também pode muito bem ser outra fonte dos problemas que me chegam. Porém, de uma coisa tenho certeza: eu causo problemas mais que suficientes para me manter ocupado. As três fontes de minha principal frustração na vida são as seguintes: eu, eu mesmo e eu. Sou meu maior inimigo, e quero e preciso desesperadamente lidar com meus obstáculos.

Então, eu declaro guerra: contra as trevas; contra os demônios; contra a ansiedade e o sucumbir às noites do cão negro da depressão; às minhas tendências de autossabotagem; a meu egoísmo; a meu narcisismo e à maneira como posso passar horas não fazendo nada quando deveria estar focado em uma única coisa.

Eu declaro guerra.

Não estou pedindo que me ajude a lutar as minhas batalhas, mas quero fazer tudo que puder para convencê-lo a se engajar em suas batalhas.

Eu declaro guerra.

Há tamanho poder nestas três palavras. Diga-as em voz alta, devagar, focando cada uma das seis sílabas: Eu /de /cla/ ro /guer /ra.

Há liberdade nessa declaração.

Você não pode vencer um conflito que não admite ter.

Declarar guerra o separa dos problemas que você pode facilmente confundir com partes permanentes de sua identidade e o distancia dos seus pensamentos, medos e ansiedades. Você não é seu comportamento disfuncional. Você não é seu empanturrar-se, seu assistir obsessivo à televisão, ou seus comentários julgadores e críticos que você gostaria que não ficassem saindo de sua boca. Você não é seus erros ou transgressões ou o que vê em seus sonhos sombrios e tortos. Escolher se opor a essas coisas é deixar claro que elas não estão a seu favor. Essa é a única maneira de sair dessa situação chata e deixá-la para trás.

Ao escolher declarar guerra, você está se recusando a "adentrar com doçura na noite" ou a ser pego sem uma luta. Você está declarando guerra à versão que não quer ser de si mesmo.

CRUZANDO A CERCA DE ARAME FARPADO

Quando decidir que já está farto de jogar o jogo da culpa e estiver pronto para se tornar um vitorioso, você descobrirá que um lobo se levanta em seu coração. Foi assim que Theodore Roosevelt, a pessoa mais jovem a ter o ofício de presidente, descreveu o "poder da alegria na batalha"[2] que inunda uma pessoa que escolhe atender ao desafio que se estende perante ela. Esse presidente memorável, que está literalmente esculpido em pedra no monte Rushmore (e é para sempre o mesmo que Robin Williams, por causa do filme *Uma noite no museu*, pelo menos na minha cabeça), liderou os *Rough Riders* a cavalo em direção à batalha na colina de

VOCÊ ESTÁ DECLARANDO

GUERRA

À VERSÃO QUE NÃO QUER SER DE SI MESMO

San Juan durante a Guerra Hispano-Americana. As balas da metralhadora Mauser eram lançadas do topo da montanha derrubando homem a homem, contudo Teddy lutava encorajando implacavelmente seus homens a seguir em frente.

Naquela situação terrível, cruzou uma cerca de arame farpado ali no campo de batalha e dedicou-se completamente ao trabalho que se lhe apresentava e, naquele momento, um lobo surgiu em seu coração. Com os óculos de marca embaçados pela umidade, um lenço esvoaçante amarrado ao *sombrero*, ele não deu importância às balas que voavam para todo lado enquanto instava seu cavalo, Little Texas, a avançar. (Seu outro cavalo havia se afogado ao ser removido da embarcação da Marinha que os deixara na ilha.) Teddy havia virado uma chave em seu interior, e era impossível pará-lo em sua decisão de fazer o que era preciso. Uma testemunha disse: "No momento em que atravessou a cerca, Teddy tornou-se o soldado mais grandioso que já vi"[3]. Um cartucho explodiu perto dele queimando-lhe a pele, porém ele avançou. Uma bala perdida arranhou seu tornozelo, mas ele não percebeu. Não parou até que a batalha estivesse vencida. Até o fim de seus dias, ele se referiu àquele dia, 1º de julho de 1898, como o maior de sua vida.

Não estou dizendo que você precisa ir para Cuba para lutar. Estou dizendo que há poder incrível em posicionar tudo que há dentro de você em uma direção única. A maioria das vezes nós reagimos defensivamente ao que cruza nosso caminho. Pare de deixar a vida acontecer para você e comece a acontecer para sua vida. Conheça o inimigo à sua maneira. Assuma a ofensiva. Quer esteja no segundo ano da faculdade, quer esteja com seus 60 e poucos anos contemplando a vida após a aposentadoria, quando decidir encarar as coisas que estão prendendo-o, uma força crescerá em seu peito. Como escreveu W. H. Murray, o explorador escocês do século 20: "No momento em que certamente nos comprometemos, aí a Providência também se move [...] causando a nosso favor toda sorte de incidentes imprevistos, encontros e assistência material que nenhum homem poderia ter imaginado que cruzariam seu caminho"[4].

Declare guerra, e o lobo surgirá. Não pense demais nisso. Você tem tempo para trabalhar todas as implicações. E não terá de lutar sozinho; há uma quantidade enorme de reserva e poder de fogo à sua disposição. Eu lhe falarei tudo a respeito disso.

Este livro o ajudará a descobrir as chaves para vencer a batalha interior. Eu o dividi em quatro seções, como se estivesse dividindo em quatro partes a afirmação "Eu / de / claro / guerra" (exatamente como no jogo de Guerra de cartas que jogávamos quando crianças). Cada seção ou carta lida com um componente vital de nossas batalhas interiores. E cada carta avança em direção à carta vital — a quarta.

É essencial que você vá até o fim. Não importa quanto sejam boas, as três primeiras cartas não terão importância sem a quarta, a de maior importância.

Eu vivi os princípios que vou compartilhar com você. Eles estão em jogo na minha vida neste exato momento, enquanto estou sentado aqui em um café em Sioux Falls, Dakota do Sul, escrevendo este livro em meu iPad. Toda forma de distração, depressão e melancolia preencheu minha mente nos últimos meses, enquanto me preparava para escrever. Porém, finalmente cruzei a cerca de arame farpado, porque sei que você precisa destes conceitos tanto quanto eu.

Antes de avançar para a primeira carta na próxima página, escreva sua declaração de guerra. De que maneiras você precisa lidar com os obstáculos? Não torne sua lista menos ofensiva. O tempo de meias medidas acabou. Para ficar limpo, você precisa vir limpo.

ÀS COISAS, QUE ME DETÉM

_____

_____

_____

_____

EU DECLARO GUERRA

NESTE DIA _____

NESTA HORA _____

ASSINADO _____

O LOBO QUE VOCÊ NUNCA SOUBE QUE QUERIA SER

Quero ficar sozinho e quero que as pessoas me percebam; as duas coisas ao mesmo tempo.[1]
— Thom Yorke da Radiohead

Em Las Vegas, as escadas rolantes e esteiras transportadoras parecem se deslocar em uma única direção: para os cassinos. Entrar é tão fácil quanto encontrar um restaurante Ding Dong numa parada de caminhoneiro. Por outro lado, achar a saída é, deliberadamente, muito mais difícil. A intenção é prender você em um labirinto de distração que o fará despender o máximo possível de tempo e dinheiro.

Quando me pego lutando com inconstância no humor, sinto-me como se estivesse sendo carregado em uma esteira rolante, levado a um lugar de que não vou gostar e que terei dificuldade de achar o caminho de volta. Comecei a experimentar essa sensação no ensino médio. Alguma coisa acontecia para me deixar muito irado: sentir-me excluído, alguém zombar de mim, me constranger com algo que disse ou fiz. O que vinha em seguida, eu sabia: sentia como se o chão estivesse girando sob meus pés.

Quase sempre havia um momento de clareza quando eu sabia que estava em uma encruzilhada. Na direção em que estava indo, eu podia ver nuvens de tempestade se formando, abutres voando em círculo, os ossos embranquecidos de gnus que haviam sido apanhados frescos nos últimos momentos de sol. Era para esse lugar que minha esteira rolante estava me levando, e eu o odiava.

Na outra direção, eu via a Candy Land, cores vibrantes, luz cálida. Pessoas sorrindo e pulando corda, explosões de alegria radiando no rosto delas. Se eu quisesse estar onde elas estavam, tinha de tomar uma decisão e tomá-la rapidamente, porque cada momento que passava me levava mais longe da vila da alegria. Se eu não fizesse nada, seria levado diretamente aos terrenos pedregosos da melancolia.

Na maioria das vezes, eu simplesmente ficava ali. No final, o movimento cessava e eu era deixado em um mundo cinza, longe demais da cor para enxergá-la, sem nenhuma ideia de como retornar.

Eu estava oficialmente de mau humor. Ora, algumas pessoas o chamam de *mau humor*. Eu o chamo de *ser mantido refém da versão que não quero ser de mim*. É possível reorganizar meu nome para soletrar *evil*, mau em inglês; então, eu o chamo de *Evilevi*, que, traduzindo, seria *Levimal*. Ele pode ter minhas digitais e tipo sanguíneo, mas não é meu amigo.

Quer se instalasse após o almoço ou durante o segundo período, quer no carro a caminho da escola, uma vez nele, nele eu estava. Uma parede se erguia, e o deleite pela vida diminuía. É impossível relaxar quando se está preso lá dentro. Depois de uma ou duas horas, o que quer que tivesse disparado isso em mim inicialmente já não era mais a questão; a autocomiseração e a autoaversão eram os problemas reais, e enrijeciam tornando-se uma máscara que eu me sentia incapaz de remover. No final, eu abria mão do dia todo. Ia para um lugar onde pensava: *Esse dia já era. Vou ter simplesmente de tentar de novo amanhã.*

Você já se sentiu assim, não se sentiu? Como se uma parte tão grande do dia tivesse sido desperdiçada que não adiantaria tentar tomar decisões boas. *Amanhã é um novo dia. Este não está legal.* Fazemos a mesma coisa quando escolhemos mal em relação à comida: *Eu enfiei o pé na jaca no almoço, por isso também poderei me empanturrar e comer um* cupcake *na hora de dormir. Eu deveria ter tomado um café da manhã saudável, mas, como não o fiz, o dia todo está arruinado. Farei melhor na segunda-feira... ou no mês que vem.*

De onde tiramos a ideia de que uma decisão ruim deve ser seguida de outra decisão ruim? Talvez venha da falha em entender o verdadeiro significado de uma passagem bíblica muito citada, escrita pelo profeta Jeremias no livro de Lamentações:

> *Graças ao grande amor do* Senhor
> é que não somos consumidos,
> *pois as suas misericórdias são inesgotáveis.*
> *Renovam-se cada manhã;*
> *grande é a sua fidelidade!* (3.22,23, *NVI*)

ALGUMAS PESSOAS O CHAMAM DE

MAU HUMOR

EU O CHAMO DE SER

MANTIDO REFÉM

DA VERSÃO QUE NÃO QUERO SER DE MIM

O que uma passagem bíblica não quer dizer é tão importante quanto o que quer dizer. Jeremias não está dizendo que uma nova manhã é o único horário em que você tem a oportunidade de receber misericórdia; não há nada místico ligado à badalada da meia-noite. Não é aí que as misericórdias de Deus se renovam. Seu plano de dados da AT&T pode acumular certa data, mas não é assim com a devoção que Deus atribuiu a você.

Em vez disso, o que Jeremias enfatiza é que você sempre tem uma nova chance, *porque Deus é bom assim*. Você tem a opção de ir a ele de manhã, à tarde e à noite, uma vez ao dia, nove vezes ao dia, de hora em hora se precisar, e clamar pela ajuda que você precisa para a presente batalha que está enfrentando. Hebreus 4.16 (*ARC*) diz: *Cheguemos, pois, com confiança ao trono da graça, para que possamos alcançar misericórdia e achar graça, a fim de sermos ajudados em tempo oportuno.* Você não precisa esperar o dia começar; pode buscar a graça quando precisar dela.

Os astronautas da Estação Espacial Internacional giram em torno da Terra a cada 90 minutos, o que significa que eles assistem o sol nascer e se pôr dezesseis vezes por dia. Por quê? Porque estão movendo-se rapidamente em torno da Terra. Em que velocidade? Meu amigo, Shane Kimbrough, que passou 189 dias no espaço e foi o comandante da EEI, me disse que, quando está na estação espacial, você se move a 28.000 quilômetros por hora, ou a 8 quilômetros por segundo, 321 a 402 quilômetros acima da superfície da Terra. À medida que responde à reinicialização que Deus quer dar a você, é crucial que se lembre da figura de um astronauta sentado no módulo Cupola, assistindo pela enorme vidraça ao sol nascer e se pôr dezesseis vezes por dia: *Assim como os céus são mais altos do que a terra,* [...] [assim são] *inescrutáveis os seus* [do Senhor] *caminhos* (Is 55.9; Rm 11.33). Quanto mais alto você vai, mais nascer do sol há. Você não precisa considerar perdido um dia que foi manchado. Você pode recomeçar na mancha. Chacoalhe seu Traço Mágico interno! Há misericórdias novas em folha esperando por você. Somente o orgulho e a tolice permitem que uma decisão ruim se transforme em um dia ruim e fazem com que você adie para amanhã o que precisa fazer agora mesmo.

Eu amo a praticidade de chamar um Uber. (Eu sempre digo: "*chamar* um Uber". Sei que você não chama *literalmente* um Uber, mas não tenho qualquer intenção de parar.) Alguns cliques num botão e um carro surge onde você está, pronto para levá-lo aonde quer que precise ir. É o Amazon Prime para viajar pela cidade.

Várias vezes eu confundi um veículo vindo me pegar com um carro indo pegar outra pessoa. Certa vez, no aeroporto, eu pulei no banco traseiro do Uber que havia pedido, só para descobrir que aquele carro não era um Uber. O motorista surpreendeu-se mais que eu ainda! A verdade é que você não precisa permanecer no mau humor mais do que precisa permanecer no Uber errado. Se entrou, você pode sair.

Cheira a Espírito Adolescente

O mau humor existe apenas na sua mente. É por isso que a primeira das quatro cartas baixadas quando você declara guerra trata dos seus pensamentos. Você não pode viver certo se não pensar certo.

Em meu último ano, eu tinha aula de artes no último período. A aula era em um galpão de metal localizado em uma extremidade distante do *campus*. Um caminho de pedrinhas ia serpenteando pelo refeitório e academia, pelas cercas baixinhas de corrente e pela área onde os ônibus pegavam os alunos antes de virar para uma fileira de edifícios transportáveis. Já se passaram dezessete anos desde que eu era um menino de 17 anos indo do sexto para o sétimo ano, mas ainda posso ouvir as pedrinhas rangendo sob meus pés e posso sentir o peso da minha mochila carregada de livros. (Se eu ia quebrar as pedrinhas aquela noite era outra história.)

Posso me lembrar claramente de como era a sensação de ir para uma aula de artes de mau humor. Acontecia com tanta frequência que eu não tinha esquecido aqueles sentimentos de angústia produzidos por doses quase letais de autoaversão e autocomiseração.

Minha camisa geralmente estava para fora da calça. Tínhamos uniforme em meu colégio. Era preciso usar uma camiseta polo ou camisa Oxford com colarinho abotoado e calça cáqui ou azul-marinho. Você recebia uma advertência se fosse apanhado com a camisa fora da calça. Eu geralmente a deixava por dentro da calça somente na parte da fivela do cinto, apenas o suficiente para alegar que não estava tecnicamente toda fora da calça. Que rebelde!

Às vezes um amigo que conseguia perceber o medo em minha face caminhava comigo e perguntava qual era o problema ou como havia sido meu dia, e eu engolia minhas emoções e mentia descaradamente. "Está tudo bem", eu dizia, mesmo que por dentro quisesse admitir o contrário.

Por sorte, o dia estava quase terminando. *Talvez amanhã seja melhor. Este dia está predestinado.*

O engraçado é que, mesmo conseguindo me lembrar de entrar na aula de artes de mau humor, não consigo recordar uma única ocasião em que saí dela mal-humorado, irado ou aborrecido.

Cada um de nós tinha um cubículo onde pintávamos, desenhávamos, fazíamos esboços ou coloríamos por 45 minutos. Minha professora era uma mulher gentil chamada srta. Losey, e na época ela permitia que trouxéssemos música para ouvir enquanto trabalhávamos. Eu colocava os fones de ouvido do meu Discman, apertava o *play* num CD de música de louvor e enchia páginas em branco com linhas, cores e formas. Antes que percebesse, eu estava andando de volta naquele mesmo caminho de pedrinhas, mas num estado completamente modificado. De modo miraculoso, o encantamento havia passado, e o medo que eu sentira uma hora atrás havia sumido.

Na época eu não tinha a autoconsciência para perceber o que entendo agora: não era coincidência eu estar em uma situação emocional diferente ao final do período. A aula de artes era como uma frase calmante usada para suavizar a fúria do Hulk e transformá-lo novamente no gentil e educado Bruce Banner: "O sol está ficando baixo mesmo, grandão" (quando o Black Widow disse isso, e não o Thor). A combinação da música, da arte e do lugar tranquilo era uma canção de ninar que me levava para um espaço livre completamente diferente. Minha batida cardíaca diminuía, e com ela meus níveis de cortisol, o hormônio que causa estrago no organismo quando você está estressado. Era como se o mau humor fosse o seis de paus e a arte e a música fossem o rei de copas. E nenhuma carta enumerada de emoções pode superar Jesus, o Rei do seu coração!

Aprendi muito a respeito do que me motiva, mas ainda luto para controlar meu humor. Minha capacidade de reagir bem às batalhas externas tem tudo a ver com minha capacidade de lutar a guerra interna com sucesso. Sou lembrado de Josué pelejando contra os amalequitas enquanto Moisés estava no cume da montanha, erguendo os braços com a vara de Deus nas mãos (Êx 17.8-13). Não importava quanto esforço Josué despendia, quando os braços de Moisés esmoreciam, Josué perdia força, mas, quando seus braços ficavam firmes, a maré virava. Ouça-me em alto e bom som. Nada influencia tanto sua vida como a capacidade de controlar seu espírito em meio aos sentimentos voláteis e à loucura da vida.

Provérbios 25.28 nos diz: *Como cidade derribada, que não tem muros, assim é o homem que não tem domínio próprio*. No mundo antigo, os muros eram tudo. Uma cidade sem muros era equivalente a um quarto de hotel sem cadeado, ferrolho, olho mágico ou aquele treco deslizante que deixa a porta abrir uns poucos centímetros. Você não se sentiria seguro em um hotel se soubesse que estaria completamente vulnerável à invasão. É por isso que a cruzada de Neemias para restaurar os muros de Jerusalém foi tão importante. Quando negligenciamos em controlar nosso espírito, o deixamos vulnerável ao ataque.

Quando criou Adão e Eva, Deus esculpiu com seus dedos dois corpos do pó, mas foi seu fôlego que lhes concedeu o espírito. Seu espírito é a parte do seu ser que responde a Deus e recebe seu poder.

A palavra "espírito" aparece centenas e centenas de vezes ao longo das Escrituras. Aqui estão alguns destaques:

- Quando você é salvo, seu espírito é a parte mais afetada: *Dar-vos-ei coração novo e porei dentro de vós espírito novo; tirarei de vós o coração de pedra e vos darei coração de carne* (Ez 36.26).

- Quando você peca, seu espírito fica louco e precisa ser recalibrado, como uma bússola perto de um campo magnético: *Cria em mim, ó Deus, um coração puro e renova dentro de mim um espírito inabalável* (Sl 51.10).
- Você precisa aprender como controlar seu espírito e depois praticar esse controle, especialmente nas horas de ira: *Melhor é o longânimo do que o herói da guerra, e o que domina o seu espírito, do que o que toma uma cidade* (Pv 16.32).
- Seu espírito pode ter boas intenções, mas pode ser vencido por desejos pecaminosos e precisa ser fortalecido pela oração: *Vigiai e orai, para que não entreis em tentação; o espírito, na verdade, está pronto, mas a carne é fraca* (Mc 14.38).
- Um espírito calmo faz você ter uma confiança tranquila: *Quem retém as palavras possui o conhecimento, e o sereno de espírito é homem de inteligência* (Pv 17.27).
- Podemos pedir a Deus um espírito marcado pela generosidade exatamente como o dele: *Restitui-me a alegria da tua salvação e sustenta-me com um espírito voluntário* (Sl 51.12).
- Um espírito extraordinário leva a portas abertas e promoção: *Então, o mesmo Daniel se distinguiu destes presidentes e sátrapas, porque nele havia um espírito excelente; e o rei pensava em estabelecê-lo sobre todo o reino* (Dn 6.3).
- Deus é atraído àqueles que têm um espírito marcado pela humildade e àqueles que elevam os olhos a ele quando estão sofrendo: *Perto está o SENHOR dos que têm o coração quebrantado e salva os de espírito oprimido* (Sl 34.18).

Aprender a conduzir seu espírito controlando seus pensamentos é incrivelmente importante. *Se seu espírito estiver fora de controle, é difícil colocar sua vida sob o controle de Deus.* E um espírito sob o controle de Deus é essencial para o lobo surgir em seu coração.

Espere! Posso ouvir você opondo-se. *A respeito disso... Não estou realmente certo se quero me levantar como um lobo. Na Bíblia, os lobos não são descritos como sendo maus?* Sem falar em todos os contos de fada, até mesmo a Chapeuzinho Vermelho e os três porquinhos sabem que lobos são grandes e maus.

Obrigado por trazer isso à tona. Semelhantemente, o diabo quer possuir completamente a imagem de um animal que tenha os atributos de que precisamos desesperadamente. Sim, o inimigo nos ataca como um lobo,[2] mas ele também gosta de se vestir como um anjo de luz,[3] uma serpente[4] e um leão que ruge.[5] Não parece que temos qualquer problema em apreciar anjos e leões, e Jesus nos disse especificamente para sermos prudentes como serpentes.[6] Então, por que ignoraríamos

NADA
INFLUENCIA TANTO SUA VIDA
COMO A
CAPACIDADE
DE
CONTROLAR
SEU
ESPÍRITO
EM MEIO AOS
SENTIMENTOS
VOLÁTEIS
E À
LOUCURA DA VIDA

os lobos? O interesse do inimigo nos lobos, se houver, deveria alertar você de que há algo poderoso acerca desses animais.

Os lobos foram criados por Deus e são criaturas verdadeiramente notáveis, conhecidas pela lealdade e força. Além de serem altamente sociais e inteligentes, eles também têm outras qualidades menos conhecidas que você deveria querer em sua vida. Foi provado cientificamente que eles são susceptíveis a bocejos contagiantes[7] (você boceja ao ler isso?), que se acredita estarem ligados à empatia. E este é meu favorito: Os lobos são muito raros por sua disposição em adotar os filhotes órfãos, mesmo que pertençam a um rival. Isso não é normal entre os maiores predadores. Até mesmo os leões (e eu tenho muito amor por leões), que ostentam outro orgulho, sempre praticam infanticídio matando todos os filhotes para acabar com a linhagem sanguínea de seus predecessores. Porém, não os lobos. O novo macho alfa e a nova fêmea alfa cuidarão carinhosamente dos filhotes de seu inimigo e os trarão para o bando. Isso é muito tocante? É um pouco clichê falar de alguém que não tem boas maneiras como aquele que foi "criado por lobos", como Mogli, o menino-lobo. Porém, há um pouco de verdade nessa expressão, já que esses caçadores ferozes também fazem de boa vontade o papel de pais adotivos.

Leia este trecho tirado de *The wisdom of wolves* [A sabedoria dos lobos] e diga-me se você não se vê querendo canalizar seu lobo interior:

> Eles cuidam de seus filhotes com uma devoção familiar e compartilham nosso instinto reflexivo de cuidar dos mais jovens, sejam parentes ou não. Eles têm um lugar na sociedade para seus velhos. Eles estendem fronteiras e as exploram; depois retornam para visitar as famílias. Eles se preocupam com o que acontece uns com os outros, sentem falta uns dos outros quando estão separados e se entristecem quando morre um entre eles. [...] São líderes benevolentes e oficiais fiéis, mães ferozes, pais provedores e irmãos devotados; são caçadores, aventureiros, cômicos e cuidadores.[8]

Ser um lobo não é apenas ser um guerreiro valente; é também ser um provedor amoroso, e este é o seu destino.

Voltemos à história em Êxodo 17. Moisés acabou ficando exausto e, por mais que tentasse, não conseguia manter os braços elevados. Por sorte, seus amigos, Arão e Hur, improvisaram um par de soluções inteligentes: colocaram embaixo de Moisés uma pedra, como um banquinho antigo de escola, e ficaram ao lado dele, cada um segurando um de seus braços. Moisés ficou exatamente na mesma posição que estava antes, com a diferença de que agora era muito mais fácil manter os braços levantados.

Podemos ser criativos ao envolver a ajuda de outras pessoas e até mesmo os elogios para manter nosso espírito controlado. Isso é verdadeiro, quer sua luta seja perder a cabeça com os filhos, interagir com um indivíduo grosseiro ou transigente do atendimento ao consumidor, quer lidar com um colega de trabalho despreparado. Ou, no meu caso, ver alguém do time bocejando ou não mostrando entusiasmo em uma conversa antes do culto. (Meu lado Hulk dá sinal de vida nesse caso.) Algo simples como o lugar em que você se senta, o que traz consigo ou o modo como se prepara para um encontro complexo pode ser a diferença entre uma resposta controlada e uma resposta da qual você se arrependerá. Por exemplo, ouvi falar de uma pessoa que traz consigo água para as conversas em que sabe que será tentada a perder a paciência. Antes de rasgar o verbo, ela toma um gole. Ninguém pisca o olho para uma pessoa que está bebendo em vez de falar.

Eu deixo você com três aprendizados deste capítulo: Primeiro, não importa quanto já se foi do dia, não é tarde demais para mudar o curso; amanhã não, mas agora mesmo. Segundo, ter um nome para a versão que você não quer ser de si mesmo ajuda a confrontá-lo quando estiver comportando-se mal. Escolha um nome para sua versão pessoal do *Evilevi*. A partir do momento em que tiver um nome para seu *alter ego*, o outro eu, você pode tirá-lo da lista de convidados. Dê um nome a essa versão de você antes que ela reclame o direito. Terceiro, você não precisa ir para a aula de artes da srta. Losey para se acalmar. As novas misericórdias estão apenas a uma oração, a um fôlego, a uma breve caminhada ou até mesmo a um gole de água de distância. Coloque seus fones de ouvido. Ligue uma música. Feche os olhos por um momento. Compre um conjunto de aquarelas para tê-lo disponível. Descubra qual é o seu equivalente para a aula de artes, de modo que possa pressionar o botão e reinicializar aquilo que você crê que esteja emperrado em seu interior. Escapar da situação autoimposta de refém poderá não ser tão fácil como pular na esteira rolante que o trouxe até aí, mas, tudo bem, você pode pegar as escadas.

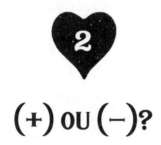

(+) ou (−)?

*Quer creia que pode fazer uma
coisa quer não, você está certo.*
— Atribuído a Henry Ford

Meus filhos amam brincar com as luzes de teto do carro. Há algo de satisfatório relacionado ao modo que a luz de teto acende e apaga; então, eu entendo completamente o anseio. Minha esposa e eu tentamos inculcar neles a consciência da necessidade de apagarem essas luzes antes de saírem do carro, mas isso nem sempre funciona tão bem quanto esperamos. Por isso, não foi surpresa quando Jennie me disse que seu carro estava sem bateria.

Estou sempre buscando uma desculpa para me sentir um homem macho; então, disse valentemente a Jennie: — Sem problemas. Entendi! — Em seguida, eu disse à minha filha mais velha, Alivia: — Venha ajudar o papai a dar uma carga na bateria do carro da mamãe — e me direcionei à garagem como se eu fosse Tim Taylor, "o homem que ama ferramenta".

Levantei os capôs dos dois carros. — Vamos usar a carga do meu carro para mandar carga para o carro da mamãe — expliquei. Contudo, Alivia olhou-me interrogativamente quando lhe disse que a próxima etapa era ligar as "coisinhas sinuosas" com os "dentes de metal". (Tudo bem que essa provavelmente não seja a maneira de sua oficina automotiva descrever os cabos de transmissão de força.)

28   EU DECLARO GUERRA

Inabalado por seu nível rapidamente deteriorável de espanto infantil, conectei cuidadosamente o cabo às duas baterias. — Ser cuidadoso é essencial, principalmente depois de a bateria com carga ter sido conectada — disse-lhe eu. — Porque, se os dentes dos dois clipes se tocam quando já tem líquido fluindo, bem... Você ganha um bilhete de ida para a cidade cintilante, querida. *Cidade. Cintilante.* Ter estado lá, ter feito aquilo, não querer voltar.

Quando dei partida em meu carro, pedi para Livy ficar ao volante do carro de Jennie e dar partida. — Livy, liga.

Nada.

— Eu falei, liga.

Nada.

— Sentido horário, querida, sentido horário.

— Humm, papai. A garagem deveria estar cheia de fumaça?

— Só vira a chave de novo, amorzinho... Espere aí, que fumaça? — perguntei, quando a pergunta dela finalmente chegou em minha mente cinco segundos depois.

— Papai, os cabos de transmissão de força estão derretendo! — gritou ela.

Saí do carro. De fato, os cabos de transmissão de força estavam derretendo como o rosto dos nazistas no filme *Indiana Jones e os caçadores da arca perdida*. A borracha queimada pingava nos dois carros e pelo chão, formando uma poça composta de cabos pretos e vermelhos liquefeitos.

A coisa inteligente teria sido desligar meu carro ou pedir a Alivia para correr e buscar socorro, mas eu não sabia o que fazer. Apenas fiquei plantado ali, assistindo sem acreditar.

Logo a borracha derreteu por completo, deixando apenas um fio segurando os dois cabos de transmissão de força. Então, o fio caiu ao chão, deixando apenas o conector, sem o cabo. Olhei para os grampos ligados nas duas baterias, e foi aí que percebi que eu tinha uma presilha vermelha (positiva) conectada a um terminal preto (negativo) e uma presilha preta ligada a um terminal vermelho. Bati na testa e expliquei a Alivia o que eu tinha feito de errado.

Mais tarde, quando contei a história na igreja, alguém explicou que eu havia cometido um erro perigoso. A inversão de polaridade pode causar o acúmulo de gás hidrogênio dentro da bateria, que pode incendiar ou explodir. Ainda, o calor que derreteu o isolamento nos cabos era quente o bastante para chumbar e poderia ter criado uma sobretensão poderosa o bastante para danificar permanentemente todos os eletrônicos dos quais os veículos modernos dependem.

Genial. Eu tinha feito basicamente uma bomba de hidrogênio caseira e havia chegado inadvertidamente perto de desencadear um pulso eletromagnético. Felizmente ninguém ficou ferido, e eu consegui limpar o plástico derretido sem deixar nada no carro nem no chão da garagem. Depois de acharmos um segundo par de cabos de transmissão de força, eu pude dar partida nos dois carros sem incidente.

Aqui está a lição de aprendizado: coisas ruins acontecem quando você coloca um negativo onde deveria ser um positivo. Não se trata de um bom conselho apenas para a bateria do carro; é verdadeiro também no que tange à sua mente. Se colocar um pensamento negativo onde deveria haver um positivo, você não explodirá, mas também não crescerá até a versão que quer ser de si mesmo.

Conheci muitas pessoas na igreja que desdenham da ideia de pensamento positivo, como se fosse de alguma forma uma traição ao evangelho. Parece ser uma daquelas coisas que alguns cristãos amam criticar (junto com o aquecimento global, música secular e evolução). Pouco tempo atrás, eu percebi que, quase sem exceção, aqueles que são rápidos em desprezar o poder do pensamento positivo e o veem como algo carnal e não espiritual também são pessoas muito negativas. De uma coisa tenho certeza: quanto mais presto atenção à "polaridade" da minha mente, mas gosto da direção da minha vida.

Não me entenda mal. Eu não creio no pensamento positivo como um substituto de Deus, mas como uma resposta a ele. Meu objetivo não é que você veja seu cálice metafórico pela metade; eu quero que você o veja como transbordando constantemente! O que é a fé senão um filtro que lhe permite processar as experiências por meio da bondade de Deus, escolhendo rejeitar o que você vê e agarrando-se ao que você crê que ele está fazendo? A fé lhe permite acreditar em suas crenças e duvidar de suas dúvidas.

É possível substituir Jesus pela positividade? Sim. Porém, tudo que torna sua alma melhor carrega esse perigo. Você pode praticar igreja sem Jesus. Você pode orar sem a oração. Você pode dar tudo que possui ao pobre e isso não valer de nada. Somente porque uma coisa pode ser feita da maneira errada não significa que não esteja certa.

O pensamento positivo não é mau; na realidade, você verá o oposto nas Escrituras. Não é uma ofensa a Deus; é obediência a ele. O versículo mais curto na Bíblia esclarece isso perfeitamente: *Regozijai-vos sempre* (1Ts 5.16).

Espere um minuto, você deve estar pensando, especialmente se tiver crescido na igreja e tiver feito atividades de jogos bíblicos como eu fiz na EBF. *O versículo mais curto na Bíblia é João 11.35:* Jesus chorou! *Tem somente nove letras comparado às dezoito letras do versículo de 1Tessalonicenses.*

Isso é verdade, em português. Porém, a Bíblia não foi escrita em português. Foi escrita em hebraico, grego e aramaico. E, no original grego, *Jesus chorou* tem dezesseis caracteres, e *Regozijai-vos sempre* tem apenas catorze, fazendo dele o versículo mais curto. *Bum!*

Contudo, não deixe o tamanho enganar você; esse rapazinho tem um efeito poderoso. É tão poderoso quanto desafiador.

Pessoalmente, acho que esse versículo pequenino, duas palavras, é uma das coisas mais difíceis que somos chamados a fazer nas Escrituras. Regozijai-vos

EU NÃO CREIO NO **PENSAMENTO POSITIVO** COMO UM SUBSTITUTO DE **DEUS,** MAS COMO UMA RESPOSTA **A ELE**

sempre? Pense nisto: não somente às vezes ou quando as coisas estão indo muito bem, mas *sempre*.

Paulo nos diz especificamente que a alegria sempre presente é parte do plano de Deus para nossa vida: *Regozijai-vos sempre. Orai sem cessar. Em tudo, dai graças, porque esta é a vontade de Deus em Cristo Jesus para convosco* (1Ts 5.16-18, ênfase acrescentada).

Por que é importante para Deus que você se regozije o tempo todo, ore frequentemente e continue agradecido? Porque é impossível fazer todas essas coisas e ser negativo ao mesmo tempo. Quando sentir vontade de reclamar, se vier agindo de modo egoísta ou entrando num estado de mau humor, faça uma oração a Deus, repleta de alegria e gratidão. Colocar seus pensamentos nas coisas do alto é declarar guerra aos pensamentos de nível baixo.

O fato de ser vontade de Deus que você seja positivo não torna isso fácil. Foi uma luta tamanha para mim quando era jovem, e meu pai me apelidou de "Sr. Negativo". Ter uma mentalidade negativa foi responsável por grande parte da inconstância no humor que experimentei no ensino médio, e até hoje ser positivo ainda é uma batalha para mim.

Se você abrir a porta para a negatividade, ela irá querer assentar-se à mesa; se você lhe der um assento à mesa, ela irá querer dormir na sua cama. (Basicamente, alimentar o Sr. Negativo é como dar um biscoito ao rato ou um bolinho ao alce americano.) Em pouco tempo, a negatividade se torna seu modo padrão.

Ouvi alguém dizer que sua mãe ficou tão impassível em sua negatividade que certo dia ele a chamou e disse: — Ei, mãe, hoje é 1º de outubro.[1]

Ela respondeu: — Eu sei. Não é pavoroso?

Que falta chocante de positividade por uma razão não aparente! A recompensa pela melancolia é mais melancolia.

Felizmente para mim e você, não estamos sozinhos em nossa batalha. Apesar de sua fé prolífica de mover montanhas, o famoso evangelista e pastor americano Billy Graham teve dificuldade em lidar com a negatividade em sua vida particular. Achei essa descrição reconfortante:

> A fé de Billy era mais uma "fé apesar de". Seus filhos declaram que os possíveis problemas e dificuldades sempre vinham à sua mente primeiro. Por causa disso, eles o chamavam provocativamente de "Brejeiro". Brejeiro é um personagem da série de fantasia *Crônicas de Nárnia*, de C. S. Lewis. Como um pessimista de nascença, Brejeiro sempre tem uma visão escura das coisas. Assim como Brejeiro, Billy Graham tendia a ver o copo pela metade em vez de cheio até a metade. Porém, quando estava ativo no *front* espiritual, Billy Graham era uma pessoa completamente diferente. Era cheio de fé, e nada poderia impedi-lo do objetivo de proclamar o evangelho em todas as circunstâncias.

Quando choviam canivetes durante uma missão, ele ia até o microfone, pedia que todos ficassem em silêncio e então orava para que Deus criasse um vácuo seco sobre eles, e a chuva parava, como aconteceu, por exemplo, em uma missão em 1997.[2]

Você entendeu? Em seu ministério, ele não tinha problema em mandar descaradamente a chuva parar. Porém, lhe era difícil espantar a nuvem de sobre a própria cabeça.

Um de seus colegas de trabalho disse que estar perto de Billy no ministério era uma experiência edificante. "Algumas pessoas depreciam você. Elas o puxam para baixo. Você se torna espezinhado e deprimido na presença delas. Billy é exatamente o oposto. O brilho de Cristo exala de sua pessoa, e estar com ele é uma bênção"[3]. Porém, ele admitiu que havia momentos em que era melhor deixar Billy Graham sozinho. Em casa especialmente, Billy tinha de contar com o humor positivo de sua esposa.

Billy não estava sozinho na oscilação entre os altos do otimismo e os baixos do pessimismo. Por toda a Bíblia vemos a necessidade de o lobo se levantar na batalha contra a negatividade, uma batalha que parece ser especialmente prevalente entre aqueles que, assim como o reverendo Billy Graham, são notavelmente dotados e usados de maneiras maravilhosas.

ALTOS E BAIXOS

Elias certamente entendeu como era cair das mais elevadas alturas às mais baixas depressões. Ele subiu sozinho ao monte Carmelo contra 450 profetas de Baal em uma disputa para ver o deus de qual deles era real; o deus que respondesse com fogo seria o vencedor. Os profetas de Baal dançaram e cantaram, pularam e rodopiaram, se cortaram até jorrar sangue, mas Baal ficou mudo.

Elias zombou implacavelmente deles. Posso imaginar seus insultos:

Talvez o aparelho auditivo de Baal esteja desligado! Talvez ele esteja no vaso sanitário e vocês terão de gritar mais alto.

Os profetas acabaram desistindo, exaustos. Elias restaurou o altar quebrado e preparou o sacrifício. Porém, depois fez algo estranho: ordenou aos israelitas que ensopassem o sacrifício com doze barris de água.

Se fosse um dos israelitas, eu teria me oposto. Se você quer começar um fogo, ensopar não é um bom plano. *Madeira molhada não queima!*

Ensopar o sacrifício é significativo por duas razões: Primeiro, Deus pode fazer o impossível, e ele sempre nos chama para fazer o impraticável. Ele geralmente pede para as pessoas fazerem coisas que parecem estranhas e então as abençoa sobrenaturalmente. Ele gosta de dispor de artifícios injustos contra ele mesmo, a fim de que receba toda a glória. *Madeira molhada não é um problema.* Na realidade, no que concerne a Deus, quanto mais molhado, melhor.

Segundo, é importante saber que os israelitas estavam enfrentando uma seca que já durava três anos. A água que despejaram deve ter vindo de seu suprimento pessoal. Do que lhes foi pedido que abrissem mão era a coisa de que mais precisavam. Elias sabia que, se tivessem alguma água de sobra, eles dependeriam dela, mas, ao despejarem tudo aos seus pés, eles estavam, em essência, colocando sua fé inteiramente em Deus.

Elias calmamente tomou seu lugar. Não houve gritaria ou contorção histérica. Ele jamais se cortou. Tudo que fez foi fazer uma oração simples e tão curta que poderia ter sido enviada pelo Twitter sem que os tuítes atingissem 240 caracteres: *Responde-me, SENHOR, responde-me, para que este povo saiba que tu, SENHOR, és Deus e que a ti fizeste retroceder o coração deles* (1Rs 18.37).

Naquele momento, caiu fogo do céu e consumiu toda a carne, toda a água, toda a madeira e até mesmo as rochas. *Uau!*

Elias então ordenou que todos os 450 profetas fossem trazidos ao vale para serem executados. (O trabalho de um pastor certamente mudou com os anos.)

Foi um momento incrível, e Deus ainda não tinha acabado. Elias orou para a chuva voltar, mandando o servo para fora sete vezes para ver se a oração tinha sido atendida. No final, apareceu uma nuvenzinha patética, do tamanho da mão de um homem, mas aquela nuvenzinha logo cobriu o céu e encharcou a terra. Os israelitas ganharam seus doze barris de água de volta, e ainda mais. É lindo, não é? A água que eles derramaram foi transformada em vapor pelo fogo de Deus; depois subiu ao céu onde Deus a multiplicou e devolveu em muito maior quantidade do que fora dada. A semente nunca é igual à colheita nela contida.

Com a nação se regozijando com a água e os profetas de Baal mortos, você pensaria que Elias ficou animado. Ele acabara de arremessar um *touchdown*, 80 jardas, passe da vitória no Super Bowl, por gritar bem alto! Porém, não é assim que a história dele segue. Ele entrou em uma tristeza que quase o levou. Apesar do fato de que todo o Israel estivesse buscando colocá-lo sobre os ombros e cantar "Ele é um bom companheiro", a rainha Jezabel postou em sua página do Facebook que ela iria matá-lo, e isso o enviou a uma espiral descendente de negatividade e tristeza que demoliu completamente os bons ânimos que ele mostrara no monte Carmelo. Foi um completo desmancha-prazeres.

Ele foi tão impactado que acabou correndo 160 quilômetros, o máximo que pôde, para o sul. Assentou-se debaixo de um zimbro e orou dizendo que poderia morrer: *Basta; toma agora, ó SENHOR, a minha alma, pois não sou melhor do que meus pais* (1Rs 19.4). A maior altura foi seguida da maior profundidade.

Jonas também tinha um ministério de altos e baixos. Ele recebe uma porção de crítica por causa de toda aquela coisa de fugir de Deus, embora, para sermos justos, se entendêssemos quanto os ninivitas eram insanamente malvados, seríamos menos críticos. Esses caras empilhavam os crânios de suas vítimas do lado de fora de suas casas como se fossem decoração. Retiravam seus lábios e narizes e os tratavam como distintivos. Eles cortavam as pálpebras das pessoas e as amarravam ao sol, de maneira que não podiam piscar ou desviar o olhar da bola de gás incandescente que as cegaria para sempre, transformando seus globos oculares em passas. Por isso, eu entendo quando Deus enviou Jonas para pregar aos ninivitas e ele fugiu para a direção oposta.

O que me impressiona é que, no final, ele recobrou a consciência e concordou em ir. Claro, foi necessária uma viagem longa ao *SeaWorld*; então, e se ele tivesse de se tornar um *sushi* ao contrário, um humano cru comido por um peixe? Ele acabou pregando o evangelho para umas das civilizações mais sedentas de sangue que já existiu, e a nação inteira se arrependeu. Foi tamanho avivamento que todos, do rei ao camponês, se vestiram de pano de saco e cinza para mostrar seu remorso e penitência. Eles vestiram até os animais de pano de saco e cinza. Você consegue imaginar? Os cachorros e os gatos das pessoas estavam sendo salvos!

É provável que essa tenha sido uma das maiores respostas às mensagens de um pregador na história humana. Contudo, Jonas, como Elias antes dele, afundou-se numa lama de desespero que o fez desejar morrer.

Paulo certamente conseguia ser empático com essa luta. O mesmo cara que escreveu 13 dos 37 livros do Novo Testamento era um gênio angustiado, e em Romanos 7 ele escreveu uma expressão honesta e empática da realidade de ser o pior inimigo de si mesmo: *pois não faço o que prefiro, e sim o que detesto.* [...] *Desventurado homem que sou!* (v. 15,24). Ele percebeu que havia criado os próprios demônios.

Charles Swindoll escreveu: "Alegro-me de que, quando Deus pinta os retratos de seus homens e mulheres, ele os pinta como são, com defeitos e tudo. Não ignora seus pontos fracos ou esconde suas fragilidades."[4] Amém! As lutas de Elias, Jonas e Paulo eram tão reais quanto as suas. Você não está sozinho na batalha de evitar que a mente se desvie para a negatividade. E essa batalha não está indo a lugar nenhum. Se estiver pensando: *Mal posso esperar até ser maduro para isso não ser mais um problema*, você está se preparando para uma frustração. Há verdade na expressão "novos patamares, novos demônios". A batalha, se houver, se torna mais complexa à medida que você avança na jornada espiritual, porque, quanto mais você fizer, mais o inimigo tentará parar você.

$\mathcal{P}$LANEJE–SE PARA O PIOR, ESPERE O MELHOR

Eu prego há vinte e um anos, quinze deles em tempo integral, e eu gostaria de poder dizer a você que vencer essa batalha é uma tarefa muito fácil. Porém, na realidade, muitas vezes minha mente é um balaio de gato. E um dos problemas recorrentes que me arrasta para baixo é o inverso da polaridade, positivo para negativo, que Deus quer para a minha vida.

É tão importante definirmos esse conceito agora mesmo, porque suas palavras (carta 2) e ações (carta 3) começam ambas como pensamentos. Para citar uma frase genial da obra-prima do cinema *Kung Fu Panda 3*, "Antes da batalha do soco vem a batalha da mente"[5]. Ouça-me com atenção: pensamentos negativos não podem levar a uma vida positiva. Provavelmente você jamais se levanta e pensa: *Quero ter um dia ruim, ou quero ser uma decepção, ou quero sugar a alegria das pessoas que eu encontrar.* Porém, todos nós temos nos permitido ter pensamentos que levam a um dia negativo.

Isso significa que você pode mudar a maneira como se sente mudando a forma como pensa. Não estou falando de ignorar suas emoções ou fingir que não está se sentindo de determinada forma, mas falo de deixar Deus dar a você uma nova perspectiva. Seus sentimentos são reais, mas não são seu chefe.

Não estou defendendo um tipo de pensamento positivo fofinho, de autoajuda, em que você crê inocentemente que, pelo fato de dizer a si mesmo que algo ficará bem, automaticamente será assim. Lembre-se, não é um otimismo do tipo "copo meio cheio"; isso é pequeno demais. Estou falando de uma positividade para a vida plena. É verdade que você tem um Deus que unge sua cabeça com óleo, faz com que a bondade e a misericórdia sigam você todos os dias da sua vida e prepara uma mesa para você (Sl 23.5,6). Porém, lembremo-nos de que a mesa que ele prepara para você se localiza na presença dos inimigos, o que pressupõe que você tem inimigos.

E você tem. Internamente, externamente, espiritualmente, profissionalmente, relacionalmente. As pessoas resistirão a você se estiver na trilha certa. Temos a tendência de questionar: "O que eu fiz errado?" Porém, a melhor pergunta seria: "O que eu fiz *certo?*"

Victor Hugo escreveu: "Você tem inimigos? Por quê? É a história de todo homem que fez uma ação genial ou criou uma nova ideia."[6] Ninguém consegue viver seu sonho sem outras pessoas tentando transformá-lo em pesadelo. A oposição é quesito básico para viver a vida que você nasceu para viver. Claro, há uma maneira simples de fazer a crítica ir embora: Não faça nada, não contribua com nada, não defenda nada, não *seja* nada. Quando vive seu chamado, você sempre enfrenta críticas gratuitas de pessoas que desistiram do chamado delas.

Jesus disse, de fato: *Ai de vós, quando todos VOS LOUVAREM!* (Lc 6.26, ênfase acrescentada). Isso vai contra nossa obsessão de agradar às pessoas, mas você não pode agradar a Deus e aos homens ao mesmo tempo. É claro que as pessoas tentarão eliminá-lo quando você ousar fazer algo genial. Para muitas delas, esse será o único sabor de grandeza que sentirão na vida!

(+) ou (−)? 37

Conte com a oposição em seu pensamento positivo. Planeje que as coisas vão dar errado. Dou uma palestra mensal para nosso pessoal na Fresh Life. Um tema recorrente é uma lista contínua que chamo de "Por que eu sou um líder", na qual ofereço várias confissões. Uma que compôs a lista recentemente foi "Não sou surpreendido por obstáculos. Eu os antecipo, sou estimulado por eles, e tenho um plano para lidar com eles". Esse é o tipo de pensamento positivo poderoso que não será devorado pela brutalidade da vida e pela regularidade dos planos que caminham desordenadamente. Ele ensina você a reorganizar o modo como vê as adversidades que enfrenta e não ser pego desprevenido por elas. Em vez disso, você pode dizer: "O que o levou tão longe? Tenho esperado por você". Você não pode ser pego de surpresa por aquilo para o que está preparado. Você pode prever entraves e obstáculos e preparar os passos que dará para lidar com eles quando chegarem. Traga contingências e alternativas. Se falhar em planejar, você está planejando falhar.

Nesta altura da minha vida, eu estaria preocupado se estivéssemos nos preparando para uma iniciativa importante ou campanha evangelística na *Fresh Life* e algo não estivesse caótico. As primeiras palavras de *A tale of two cities* [Um conto de duas cidades] sempre se tornam a realidade das principais descobertas: "Foi o melhor dos tempos, foi o pior dos tempos"[7]. Quando eu era jovem, ninguém me disse que os dois muitas vezes caminham de mãos dadas.

Antecipar obstáculos e estar preparado para eles o ajuda a reorganizar a história em sua cabeça em meio a tempos desafiadores. No livro *Extreme Ownership: How US Navy SEALs Lead and Win*[8] [Propriedade extrema: como os fuzileiros da Marinha americana lideram e vencem], os autores, dois ex-fuzileiros, falam de uma frase que transformaram em ritual. Não importa o que lhes aconteça em meio a todo tipo de loucura que cruze seu caminho, eles escolhem, em resposta, pensar: *Bons tempos*. Independentemente de quão inesperada, inoportuna ou inconveniente seja a tarefa que os aguarda, eles se permitem somente a resposta de *Bons tempos*. Confiam no plano e uns nos outros, o que lhes dá confiança e segurança em seguir adiante. Essa resposta os coloca no estado de espírito correto para permanecer fortes e aumentar sua eficácia. Em essência, eles estão pegando uma situação potencialmente negativa e vendo-a de uma perspectiva diferente. Em vez de "ruim", eles a estão chamando de "boa". Os psicólogos chamam essa tática *cognitiva de reestruturação*. Ela permite que eles estejam sobre as pontas dos pés, e não sobre os calcanhares, ao se moverem para a frente.

Eu desafio você a tentar.

Máquina de lavar louça quebrada? *Bom. Agora eu terei um tempo para pensar e ouvir algum* podcast *enquanto lavo a louça à mão.*

Está chovendo de novo? *Bom. Amo o cheiro da chuva.*

Acabaram os *muffins* de abóbora com requeijão no Starbucks? *Bom. São 45 burpees que eu não terei de fazer!*

A companhia está reduzindo a quantidade de horas? *Bom. Sonho há muito tempo em encontrar uma maneira de fazer dinheiro* on-line, *e agora tenho um empurrão para fazer isso acontecer.*

Eu percebo que você poderia estar opondo-se a essa ideia. Embora faça sentido para dias chuvosos e para quando os utensílios domésticos quebram, não parece grande o bastante para contestar as adversidades horríveis que você tem vivenciado.

Eu entendo você. Porém, o jeito de usar a palavra "bom" que fará o lobo se levantar em seu coração não é dizer que a coisa ruim é boa, mas crer que a bondade será o resultado final. Sua dor é apenas uma cena; não é o filme inteiro. É um capítulo, e não o livro. Davi, um "*SEAL da Marinha*" do Antigo Testamento, focava a bondade dessa forma quando escreveu: "Eu teria perdido o ânimo, a menos que tivesse crido que veria a *bondade do Senhor* na terra dos viventes" (cf. Sl 27.13).

O que manteve José com olhar vivo e alerta quando os que eram de sua carne e sangue se voltaram contra ele, quando a esposa de seu chefe fez acusações sexuais falsas sobre ele e quando as pessoas que ele ajudou quebraram suas promessas e esqueceram-se de retribuir o favor? Foi agarrando-se à esperança de que Deus estava fazendo todas as coisas cooperarem para o bem. No fim, foi exatamente assim que a história terminou. Ele declarou acerca das adversidades: *Vocês planejaram o mal contra mim, mas Deus o tornou* EM BEM (Gn 50.20, *NVI*, ênfase acrescentada).

Jó sofreu como poucos sofrerão na vida. Contudo, Deus tinha um plano, e esse plano era bom.

A bondade suprema dos planos de Deus é o que estava no coração de Paulo quando ele instruiu os tessalonicenses: *Regozijai-vos sempre. Orai sem cessar.* EM TUDO, *dai graças, porque esta é a vontade de Deus em Cristo Jesus para convosco* (1Ts 5.16-18, ênfase acrescentada).

Você entendeu? Ele não disse para ser grato *por* tudo. Você não tem a obrigação de ser grato pela morte, pelo divórcio ou desemprego. Essas coisas não são boas. Contudo, você pode ser grato *naquelas* coisas, ou em qualquer outra coisa que o inferno possa lançar sobre você, porque Deus tem um plano de produzir o bem daquilo que você está enfrentando.

Quando estou frustrado, penso neste poema que encontrei certa vez em um devocional:

> Saberíamos que os acordes maiores eram doces
> se não houvesse a nota menor?
> A obra do pintor seria clara aos nossos olhos
> sem a sombra na terra ou no mar?

Saberíamos o significado da felicidade,
    sentiríamos que o dia estaria esplendoroso
    se nunca tivéssemos conhecido o que é angustiar-se
    nem tivéssemos contemplado a escuridão da noite?[9]

Muitos homens devem a grandeza de sua vida às tremendas dificuldades.

ʃMPULSIONE SUA MENTE

Recentemente eu estava andando pela Costco e vi algo que eu sabia que mudaria minha vida. (Não, não eram churros, embora eu realmente ame um bom churro.) Era um dispositivo móvel de fazer dar carga na bateria. Com o tamanho de uma bateria de telefone, ele tinha um cabo com duas pinças crocodilo ligadas a uma bateria de carro descarregada, para que você possa dar a arrancada sem precisar de outro carro. Tudo que você precisa fazer é carregá-lo por meio de um cabo USB e deixá-lo no porta-luvas até que precise dele.

Eu soube de imediato que era algo que a família Lusko precisava. Reduz o risco de se confundir a polaridade e é portátil. Isso significa que, independentemente de onde eu e Jennie formos, poderemos ter energia para a bateria. Não teríamos de acenar para um estranho parar o carro, não teríamos de empurrar o carro na posição para que outro pudesse ficar de frente com ele. Um dispositivo móvel para recarregar a bateria significaria liberdade.

Pense na capacidade de inverter sua polaridade por meio da gratidão, oração e ação de graças. Você jamais ficará preso. Você não precisa esperar ninguém aparecer e resgatá-lo. Simplesmente abra o porta-luvas para ter acesso a uma fonte de energia portátil que está com você aonde quer que você vá. Você não precisa de nada mais para ter a bateria de seus pensamentos roncando novamente; precisa apenas mudar a mente de negativo para positivo.

Levi, você poderia estar pensando, *isso não é um bicho de sete cabeças;* é bom senso. Exatamente! A simplicidade é o que causa complexidade. Na vida, as coisas que são fáceis de fazer são também fáceis de não se fazer. É notavelmente simples perder peso, comer menos calorias do que se queima, contudo, mais de dois terços dos americanos estão acima do peso ou obesos.[10] Tornar-se rico não deveria ser difícil; você só precisa gastar menos do que ganha. Por que então nós somos a geração mais endividada da história?[11]

Saber o que fazer e fazê-lo não são a mesma coisa. Eles não chamam isso de atitude mental por acaso. Você precisa decidir. Tentar. Funcionará. Eu sou positivo.

TSA* NA MENTE

*Atinge-se finalmente a perfeição não quando
não há nada mais a agregar, mas quando
não há nada mais a aprender.*[1]
— Antoine de Saint Exupéry

O capítulo 2 foi uma advertência; este capítulo é a solução. Agora que eu lhe falei dos perigos de ser negativo, quero lhe falar de como ser positivo. Você tomará menos decisões equivocadas quando estiver pensando os pensamentos corretos. Você não pode viver certo se não pensar certo.

Já foi dito que você não deve fazer uma pergunta se não quiser saber a resposta. O mesmo é verdadeiro quanto a procurar as coisas que não se quer achar. Por exemplo, ao passar pela segurança no aeroporto, não olhe com tanta preocupação para a cesta em que colocou seus pertences.

---

* [NE]: A TSA – *Transportation security administration*, é uma espécie de agência norte-americana, criada após os atentados de 11/9, para fiscalizar e fortalecer o sistema de segurança do transporte aéreo nos EUA.
A TSA é responsável pela fiscalização da sua bagagem, ou seja, se existir qualquer desconfiança sobre a mesma, eles estão autorizados a abrir e inspecionar, vale ressaltar que são extremamente rigorosos. Quando sua bagagem possui muitos líquidos, ou objetos pontiagudos, ou até mesmo alimentos, você tem grande chance de ter sua mala aberta e inspecionada pelos agentes da TSA.

VOCÊ TOMARÁ MENOS DECISÕES EQUIVOCADAS QUANDO ESTIVER PENSANDO OS PENSAMENTOS CORRETOS

Em uma viagem recente, olhei para a bandeja em que ia colocar meu cinto, telefone e carteira e percebi que no fundo dela havia um longo fio de cabelo preto.

Sou um adulto plenamente crescido e tais coisas não deveriam me incomodar. Isso me incomodou.

O que acontece com um fio de cabelo que é tão nojento? Já percebeu que, depois de dez segundos que um cabelo cai de seu corpo, você vira completamente as costas para ele? Ele esteve com você toda a sua vida, mas no momento em que percebe que ele está num sabonete ou no azulejo do banheiro em vez de estar crescendo em seu corpo, você o trata com desprezo.

Eu não tenho absolutamente nenhum espaço em minha vida para cabelo alheio. Tirei minhas coisas da cesta o mais rápido que pude e peguei uma nova, mas ela também tinha cabelo dentro.

Que bando de mamutes peludos em plena mudança de pelagem teria viajado por esse aeroporto?

A essa altura, as pessoas estavam empilhando atrás de mim; então, sinalizei para que passassem. Eu estava decidido a encontrar um receptáculo sem folículo. Depois da quarta cesta e do quarto cabelo perdido, e este enroladinho, *eca!* Coloquei minhas coisas na bandeja número cinco, que finalmente passara em minha inspeção visual. Porém, quando estava retomando meus itens do outro lado da máquina de raios X, eu vi um cabelinho, que não media mais que uma polegada, piscando para mim como um cílio gigante. Com todo o cuidado para não tocar nele, estremeci, agarrei minhas coisas e dirigi-me frustrado ao meu portão.

Depois de cem voos e de cem cabelos, eu subitamente entendi: há cabelos em todas as cestas. *Até a última verificada.* Verifique na próxima vez em que você voar. *Todas* têm cabelo. Acredite-me. Alguns cabelos são loiros, alguns são pretos; todos eles assombram meus sonhos. Assim que percebi isso, resolvi jamais examinar de novo uma cesta da TSA. É melhor não fazer algumas perguntas.

Agora, quando viajo, pego uma cesta da pilha, viro-a de boca para baixo e dou umas batidinhas antes de colocar meus pertences dentro. Minha esperança é que qualquer cabelo clandestino que esteja tentando ser contrabandeado para minha casa, de carona em minha mala, seja chacoalhado para fora. Esse pequeno ritual é suficiente para vencer o campo estático que torna essas peças plásticas públicas e sujas em tamanho refúgio para esconder cabelo? Não me importo. O efeito placebo está bom para mim.

Se alguma vez você me vir em uma fila da TSA e parecer que estou com os olhos desfocados, não é porque usei drogas ou estou de ressaca; estou apenas tentando não ver todos os cabelos que o Chewbacca deixou em minha cesta. Contanto que não olhe atentamente, não sou perturbado pelo que não vejo.

Isso puxa o assunto que quero falar com vocês. (Não, não sobre cabelo; isso foi apenas uma oportunidade de ter um pouco de terapia de graça, já que Jennie e as meninas não me ouvirão reclamar desse assunto mais.) Quero falar com você sobre a TSA e por que você precisa instalar postos de vigilância em sua mente.

Na batalha, a vantagem sempre vai para o lado que está no controle das posições elevadas. É por isso que foi tão importante os britânicos desalojarem os patriotas americanos na colina de Bunker, os Aliados tomarem a Normandia das potências do Eixo, os Estados Unidos derrotarem a Rússia na corrida espacial, e Elon Musk nos levar a Marte.

É fundamental que você perceba que sua mente é o terreno elevado de sua vida. Em *Paraíso perdido*, John Milton observou: "A mente é um lugar em si mesma / Pode fazer um inferno do céu e do céu, um inferno."[2]

Quando ensinei *snowboard* para minha filha Alivia, uma das coisas mais importantes que tentei fazê-la entender foi que o lado para o qual virasse a cabeça determinaria a direção para onde seu corpo iria. Então, se quisesse virar para a ponta do calcanhar, teria de olhar por cima do ombro esquerdo. Para virar para a ponta dos dedos do pé, teria de olhar sobre seu ombro direito. Caso contrário, todo o jogo de pés do mundo seria em vão. Seu corpo realmente é bom em seguir a direção de seu rosto.

É por isso que você precisa ter um posto de vigilância no estilo da TSA em sua cabeça. A TSA exerce esse poder; eles estão no controle total de o que você traz para dentro do avião. A partir do momento em que pisa no pódio e entrega seus documentos para inspeção, você está totalmente à mercê deles. Trouxe fogos com você por acidente? Eles não sobreviverão. Trouxe um frasco de xampu com 170 ml na bagagem de mão? Dê a ele um beijo de despedida. *Sayonara, spray* espanta urso que você se esqueceu de que tinha na bolsa. Você tem de fazer qualquer coisa que os agentes da TSA lhe disserem para fazer e pode levar para além dos pontos de vigilância somente o que eles julgarem seguro.

E, se alguma vez você esquecer a Carteira de Identidade, descobrirá quanto esses agentes são esforçados ao executarem seu trabalho. Certa vez eu estava sobrevoando Newark, New Jersey, com uma carteira de habilitação temporária, um desses papéis que o Departamento de Veículos Motores imprime localmente quando o verdadeiro está vindo pelo correio. Por alguma razão, em meu trecho de partida isso não foi problema, mas em Newark o agente não reconheceu minha Carteira de Identidade temporária como válida. Ele me puxou de lado e explicou que teria de fazer um exame completo de minha pessoa e posses.

Não demorou muito para eu descobrir que a palavra "completo" significava que ele passaria as costas de sua mão sobre cada milímetro quadrado do meu corpo. Sou casado há treze anos, mas esse exame envolveu partes que minha esposa nem sequer conhece.

Sei que isso parece uma falação acerca do processo de exame, mas, na realidade, é uma recomendação para *mais* exames em sua vida, não menos. Você deveria passar pela TSA toda vez que fizer algo, mas quero que *você* seja o agente da TSA. (Você até pode usar o distintivo.) Imagine instalar em sua mente uma daquelas estações de checagem, uma máquina de raios X e até mesmo um daqueles *scanners* em que você tem de ficar com os braços afastados do corpo e os pés descalços. Então, antes de deixar seu cérebro chegar a um restaurante *Cinnabon* e se estatelar em uma cadeira no portão E17, você precisa forçar seus pensamentos a passar pela inspeção.

E você é o...? Documentos de embarque?

Talvez você deva adicionar um agente alfandegário à rotina, contanto que esteja nela.

O propósito da sua viagem? Quanto tempo pretende permanecer no país?

Não é que você tem permissão para examinar seus pensamentos; a Bíblia ordena expressamente que você o faça: *Quanto ao mais, irmãos, tudo o que é verdadeiro, tudo o que é honesto, tudo o que é justo, tudo o que é puro, tudo o que é amável, tudo o que é de boa fama, se há alguma virtude, e se há algum louvor, nisso pensai* (Fp 4.8, *ARC*). Paulo recomendou que você tivesse um filtro em sua cabeça, um processo de exame pelo qual você passa os pensamentos antes de deixá-los entrar e se sentirem à vontade. *Você está falando a verdade? Bem... não exatamente. Desculpe-me, sua entrada é negada. Você é um nobre? Claro que não. Que tal puro?* É, você não vai entrar aqui. *Você seria descrito como alguém amável? Certamente que não. Tchau.*

Amo o modo como a última parte desse versículo é traduzida em *A mensagem*: permita que esteja em sua mente *o melhor, não o pior; o belo, não o feio. Coisas para elogiar, não para amaldiçoar.*

Você consegue imaginar quanto o jogo seria mudado se, ao levar as crianças para o futebol, lavar a roupa, passar para o terceiro período, liderar a reunião com o *staff*, correr na esteira, ou esperar o sono chegar, você permitisse estar em sua mente *somente o melhor, não o pior; o belo, não o feio*? Você reconheceria a pessoa repleta de paz em que teria se tornado?

Um estudo da década de 1980[3] revelou que as pessoas têm uma média de quinhentos pensamentos intrusivos a cada dezesseis horas, cada um com duração de catorze segundos. Muitas dessas intrusões são apenas preocupações ou pensamentos ansiosos; 18% são maus, inaceitáveis ou politicamente incorretos e 13% deles são feios ou completamente chocantes: empurrar um estranho para fora da plataforma do metrô, atropelar um pedestre, esfaquear um parceiro, estuprar ou estrangular alguém, asfixiar um pai ou mãe idosos, ou dirigir o carro para fora de uma ponte.

O total é de 116 minutos por dia com algum tipo de pensamentos indesejados, não bem-vindos, inúteis, que roubam nossa alegria e neutralizam nossa eficácia.

Para ser honesto, o problema não é que esses pensamentos aparecem. O problema é que nós os deixamos abrir o sofá-cama e passar a noite. Um antigo ditado nos adverte de que não podemos impedir que os pássaros voem em torno de nossa cabeça, mas não precisamos deixá-los construir um ninho em nosso cabelo.

É por isso que é tão fundamental instalar um posto de vigilância em sua mente. Sem esse filtro, você se expõe ao risco de duas horas de pensamentos entrando de fininho e causando quantidades incomuns de terror e dano à sua paz e ao poder que Deus lhe deu. Ao forçar cada pensamento a passar por esse exame antes de permitir que permaneça, você consegue assumir novamente o controle do medo, da vergonha, do ciúme, da culpa e da dúvida.

Você descobrirá que estar alerta ao que está pensando terá um impacto imenso em suas emoções. Lembre-se de que você pode mudar a maneira como se sente mudando a forma como pensa. Onde a cabeça for, o corpo deve ir atrás.

Sou um bebê grande e também um maníaco por controle. Quando as coisas não estão indo do meu jeito ou quando meus planos estão sendo mudados ou mal compreendidos, eu me pego enfurecendo-me. Sinto-me como um pássaro cujas penas estão sendo esfregadas na direção contrária. Sinto *Evilevi* se levantando. Porém, quando me lembro de passar aqueles pensamentos negativos pelo *scanner*, posso ver claramente que estou pensando somente em mim. Se gastar tempo para entender claramente por que estou infeliz e o que está me fazendo agir mal (gritando com meus filhos, sendo rude com minha esposa, sendo extremamente desagradável com alguém no trabalho ou ficando louco com uma pessoa totalmente desconhecida que eu acho que está sendo idiota), eu consigo traçar a ligação dessas ações aos sentimentos, e os sentimentos aos pensamentos que jamais deveria ter permitido que começassem em minha mente.

Pense em alguma vez que você fez algo de que se arrependeu: dar uma fechada em outro veículo enquanto dirigia, enviar uma mensagem de texto, ralhar com alguém. (Se não conseguir pensar em nada, sinta-se à vontade para emprestar um exemplo de minha vida; eu tenho uma abundância de erros com os quais você pode trabalhar.) Agora, pense nos sentimentos que você estava tendo que levaram a essa decisão. Por trás daqueles sentimentos, provavelmente havia pensamentos que não combinavam.

CHOO-CHOO-CHOOSE YOU ["ᴇU ESCO-ESCO-ESCOLHO VOCÊ"]

Eu amo visitar a cidade de Nova York. É como nenhum outro lugar na terra. O ruído é contagiante, e você não consegue evitar que seu coração bata mais rápido, simplesmente por estar lá. Eu amo acordar cedo e andar nas ruas de SoHo antes de as coisas começarem a funcionar. Nova York pode ser a cidade que nunca dorme, mas nos finais de semana ela certamente é a cidade que dorme até tarde. Se acordar na hora certa, você pode ter o lugar praticamente só para você. Observar o nascer do sol ao caminhar em solitude pelas ruas de paralelepípedo é espetacular.

Apesar das muitas vezes em que estive em Nova York, ainda sou um completo amador em viajar de metrô. Um *status* totalmente de "iniciante que não sabe de nada" vezes dez mil. Mesmo que consiga descobrir qual trem preciso pegar, sou muito ruim tentando descobrir de qual lado da rua entrar na plataforma do metrô, o que tem tudo a ver com o metrô estar indo no sentido do centro ou subúrbio. Muitas vezes mais do que gosto de admitir, subi no metrô que ia na direção oposta à que eu precisava ir. O sentimento de as luzinhas irem acendendo na direção errada no mapa das estações é o pior.

Meu amigo Kevin Gerald gosta de dizer que "os pensamentos são como os trens; eles o levam a algum lugar"[4]. Quando um trem de pensamento aparecer, simplesmente não entre! Diminua a velocidade antes de entrar a bordo para se certificar de que esteja indo na direção certa. Pergunte a cada um: *Para onde você está me levando? Está indo na direção da Vila adorável, Cidade virtuosa, Estação do bom relatório? Explosão de Audácia! Espere aí, esse trem está indo para Ciumento, EUA? Cidade da ira? Central da fofoca? Desculpe-me, não me sinto à vontade indo para a direção que você está indo. Ao contrário de Lisa Simpson, eu não escolho você!*[5]

Esta é uma estratégia óbvia quando estiver encarando um pensamento chocante ou pervertido. Os pensamentos de assassinato, por exemplo, podem ser muito rapidamente identificados como trens em que você não quer subir. Porém, você também pode evitar trens como estes:

- *Você nunca atingirá esse sucesso; você já chegou no máximo.*
- *Você nunca se livrará de seu passado.*
- *Você nunca alcançará seus sonhos.*
- *Você nunca sairá dessa vivo.*
- *Você não tem o que é preciso para isso.*
- *Você não conseguirá ver seus filhos crescerem.*
- *Você é definido pelas coisas difíceis por que passou.*
- *Você não merece nada de bom.*
- *Ninguém ama você, e você simplesmente deve morrer.*

Contudo, algumas vezes é mais difícil identificar trens que estão indo em direção a destinos negativos. Fique de olho em pensamentos como estes:

- Ser desconfiado dos motivos das pessoas.
- Ficar imaginando o que deu errado.
- Sentir-se culpado.
- Duvidar de Deus e questioná-lo.

EU DECLARO GUERRA

- Preocupar-se.
- Ficar obcecado pela razão por que não foi convidado.
- Temer que alguém que você ama seja ferido.
- Alegrar-se no íntimo quando algo ruim acontece a alguém de quem você não gosta.
- Estressar-se em relação ao seu futuro.
- Ficar aflito por algo que foi feito a você.

A questão é: você tem uma escolha.

JOGUE-O NO POÇO DO DESESPERO

Você pode evitar um trem que está indo em direção a um destino perigoso começando por não entrar nele. O que você faz quando identifica um pensamento que não passa na inspeção?

A mesma coisa que a TSA faria com você se a máquina de raios X mostrasse uma arma em sua bagagem de mão: você o leva cativo. Detém-no. Não o deixa em sua mente nem um minuto. Não demonstra misericórdia para com ele. Não lhe dá alojamento. Envia aquele pensamento ao poço de desespero, de modo que o homem de seis dedos e o albino possam torturá-lo.

Não seja gentil. Lembre-se, isso é guerra.

Essa é a hora de o lobo se levantar em seu coração. Como o próprio Teddy Roosevelt observou: "Melhor errar mil vezes para o lado da sobredisposição em lutar do que errar ao lado da submissão mansa para se ferir, ou a indiferença a sangue frio para com a miséria do oprimido."[6] Eu coloquei minhas filhas nas aulas de boxe porque quero que elas falem suavemente *e* tenham um gancho de esquerda brutal. Você precisa ser a pessoa que tem um gancho de esquerda quando seus pensamentos estiverem oprimindo-o e deixando-o muito mal.

Você não pode parar de pensar em algo tentando parar de pensar nele. A única maneira de não pensar em elefantes cor-de-rosa é pensar em outra coisa em vez deles. Você tem de alimentar o positivo e substituir o negativo.

Você não desliga a escuridão gritando com ela, sinalizando para que vá embora, ou desejando que ela vá embora; você atravessa o quarto e pressiona o interruptor. (Ou você pede para a Alexa acender as luzes.)

Nunca olhe para onde você não quer ir. Não foque o que não quer pensar; em vez disso, direcione seus pensamentos a um destino melhor. É isso que Paulo quis dizer quando escreveu: *Pensai nas coisas lá do alto, não nas que são aqui da terra* (Cl 3.2). Descobri que a melhor maneira de fazer isso é recitar versículos e cantar louvores. Paulo também indicou o poder dessa estratégia: *Habite, ricamente, em vós a palavra de Cristo; instruí-vos e aconselhai-vos mutuamente em*

TSA* NA MENTE   49

toda a sabedoria, louvando a Deus, com salmos, e hinos, e cânticos espirituais, com gratidão, em vosso coração (v. 16). O versículo coloca sua mente e coração no modo avião, de modo que os torna impermeáveis à comunicação pouco ativa, pouco pensante, pela qual somos bombardeados com tanta frequência.

No final do livro, eu incluo alguns de meus versículos favoritos, aos quais o encorajo a dar uma olhada. Memorize os seus favoritos. Sempre que um pensamento não passar na inspeção, use um desses versículos para descartá-lo.

Aliás, estou na metade do caminho de uma viagem neste momento e acabei de descobrir em minha mochila um canivete de cinco polegadas que consegui fazer passar pela segurança. E eu tenho mais um trecho para percorrer.

A parte mais engraçada é que, quando passei pela segurança, minha bolsa foi puxada de lado para um exame adicional. Ao examiná-la, o agente da TSA tirou uma bateria reserva do telefone e disse que foi aquilo que havia acionado os sensores. Nenhum de nós sabia do canivete que estava logo abaixo da bateria.

Então, enquanto escrevia este capítulo sobre a importância dos exames da TSA, eu consegui levar para dentro do avião um *canivete extremamente afiado*. Se o restante deste livro forem apenas páginas em branco, você saberá por quê. Estarei em uma cadeia federal em algum lugar, cumprindo meu tempo, porque eu não tinha a TSA na mente.

O SEGREDO PARA UMA VIDA INFELIZ

*Quanto sua vida seria maior se seu
eu pudesse se tornar menor nela.*[1]
— G. K. Chesterton

Estava deitado de costas, com uma camisola hospitalar e uma terapia intravenosa em meu braço. Fechei os olhos e não suportei olhar enquanto a enfermeira levantava a aba inferior da camisola, revelando todos os segredos que Deus me deu. Eu tinha 14 anos. Foi humilhante. Se pudesse morrer ali, eu teria morrido. A enfermeira era bastante simpática e profissional no negócio, mas era a primeira para os meus 14 anos.

E piorou. Ela e outro profissional, um enfermeiro que pediu desculpas pelas mãos frias, disseram que tinham de me depilar para me preparar para a cirurgia.

Tudo começara no ensino médio. Sem que eu soubesse, minha visão tinha ficado ruim. Os professores perguntavam o que estava na lousa, e eu respondia: "Não sei", não para bancar o esperto, mas porque realmente eu não conseguia enxergar. Simplesmente era embaçado. Quando me pressionavam para ler a sentença ou o problema de matemática e ainda assim eu não obedecia, eles interpretavam minha falta de resposta como desacato, e eu acabava tendo problemas.

Ainda posso me ver naquela aula de inglês e matemática do sexto ano no Dwight Eisenhower, olhando fixamente para uma professora com o rosto vermelho, irada, e uma lousa embaçada que eu não conseguia enxergar. No final, minha mãe me pegou olhando de viés, observou e então percebeu que eu precisava fazer um exame de vista. O optometrista ficou chocado com o fato de eu ter chegado aonde chegara com uma visão tão ruim e me prescreveu os óculos imediatamente. No caminho de volta para casa, eu me lembro de que enxerguei cada folha de cada árvore. Tudo parecia tão claro e vívido. Eu falei: "Uau, então é assim que o mundo é!"

Você pensaria que os óculos teriam resolvido meu problema, mas apenas criaram novos, porque eu realmente detestava a minha aparência com eles. Ironicamente, essas armações de óculos na cor tartaruga e formato arredondado estão na prateleira dos mais vendidos na *Warby Parker* hoje em dia, mas lá nos anos 1990 elas simplesmente pareciam brega. Adicione aos meus óculos desajeitados o fato de que eu era asmático, um dos mais baixinhos da minha turma e tinha dentes de coelho. Por volta do oitavo ano, eu estava fazendo tudo que podia para lidar com um vulcão de insegurança em erupção dentro de mim.

Havia um grupo legal de meninos que andavam de *skate* em minha turma, e eu queria, mais que tudo, que gostassem de mim. Eles vestiam calças *jeans* JNCO com pernas largas, tênis da Airwalk e camisetas decoradas com nomes de marcas como *Mossimo, No Fear, Rusty* e *Billabong*. Ouviam Nirvana e usavam as mochilas com as duas tiras. Eu queria me afinar com eles e fazer parte do círculo.

Esforcei-me de modo impressionante para ser igual a essas pessoas. Economizei dinheiro para encomendar um *skateboard* de um catálogo da CCS e comprei roupas que via esses meninos usando. Os tênis deles eram todos surrados de andar de *skateboard*, mas os meus eram novinhos, e, por mais que eu tentasse as manobras *kick flip* e *ollie* para estragá-los, decidi agilizar o processo lixando-os para fazer parecer um *skatista* legítimo. Porém, todas essas ações eram apenas uma máscara. Eu era um impostor.

Eu os seguia para todo lado e ficava enrolando pelos arredores. Com o tempo, eles aceitaram minha presença. Porém, eu sempre me sentia como um fajuto; eu sabia que não era um deles. O apelido que eles me deram deixava isso mais óbvio: "Menino-rato". Eu levava na brincadeira, mas me atormentava. Sentia-me mais como um animal de estimação do que um amigo deles.

Algumas vezes eu dizia algo que eles achavam engraçado e todos riam, o que para mim parecia como cheirar cocaína. Não, era melhor que drogas; eu bebi e fumei cigarros e maconha com eles algumas vezes, e essas coisas só fizeram eu me sentir vazio e enjoado. Isso era muito mais viciante. Era uma validação pura, completa e *Premium* da turma, e eu estava obcecado.

Nada relacionado a estar perto dessas pessoas era bom para mim. Uma das coisas que elas me ensinaram foi como cheirar marcadores, tinta ou fluido corretor para

O SEGREDO PARA UMA VIDA INFELIZ   53

ficar chapado. Elas também faziam desmaiar umas às outras para ter vertigem. Um dos caras respirava o mais rápido possível durante um minuto e então três ou quatro dos seus amigos pressionavam o peito dele até ele perder a consciência e desabar ao chão. Algumas vezes eles misturavam as duas coisas ao inalar as fumaças de um marcador tóxico antes de tentar perder a consciência. Eu pasmo por ter sido idiota o bastante para participar nessas duas coisas. Eu poderia ter morrido.

Algumas meninas que eram fanáticas pelos caras passavam de mão em mão e faziam sexo com eles aleatoriamente. Eu fiz amizade com essas garotas, e elas me tratavam como um irmãozinho. O modo como eram passadas de mão em mão realmente me incomodava e partia meu coração, mas também me frustrava sentir-me como se eu estivesse permanentemente preso na zona da amizade e não ser considerado um material romântico.

Uma das coisas menos favoritas de estar perto desse grupo era a humilhação que eu encarava como o estranho tentando tornar-me parte do mundo deles. Além de me chamarem de "Menino-rato", eles também buscavam um momento imprevisível para lascar um chute no meu vão de pernas. Não era só eu; eles faziam isso uns aos outros também. Era a época dos *Beavis and Butthead*, e a violência física era bastante aprovada na amizade como um ritual de passagem. Múltiplas vezes por semana, um deles acertava meus testículos quando eu estava distraído, e eu caía ao chão como uma lata vazia que tinha sido esmagada, enquanto todos riam e trocavam um "toca aqui" pela graça do ocorrido. Lembro-me de uma vez ter entrado no vestiário depois de me terem "feito desmaiar", e todos estavam escangalhando-se de rir. Confuso, olhei em volta em busca de explicação, e um deles disse que, assim que perdi a consciência, um deles chutou meus testículos com toda a vontade.

Não faz muito tempo que li que, para a maioria dos americanos, o ensino médio é o pior tempo da vida.[2] Com certeza, não foi mole para mim.

No final, alguma coisa deu errado nas minhas regiões baixas. Vou poupá-lo dos detalhes, mas os negócios inflamaram loucamente. Quando piorou em vez de melhorar, eu disse relutantemente aos meus pais que precisava ir a um médico. Dei uma de bobo quanto ao que poderia possivelmente ter causado a inflamação, indisposto a revelar que eu tinha sido chutado nas virilhas muitas vezes por meus "amigos" da escola. Fiquei chocado quando o médico me falou que o ferimento exigia cirurgia.

Eu jamais contei às crianças da escola o que havia acontecido. Fiquei completamente curado e me certifiquei de não me aproximar o suficiente para algum deles dar outro chute. Segui em frente, mas a experiência me assustou, emocionalmente e de outras maneiras. Ao final do oitavo ano, quase todos os comentários dessa turma em meu anuário eram direcionados ao "Menino-rato", e incluíam frases comoventes como "Não se deixe enganar pelo queijo" e "Fique de olho nas arapucas". Quem precisa de inimigos quando tem amigos?

No ano seguinte, vários deles se mudaram ou se transferiram para escolas diferentes, e o grupo meio que quebrou. Eu acabei fazendo amigos melhores, que não me tiranizavam. Meu crescimento disparado finalmente começou. Eu convenci meus pais a me deixarem usar lentes de contato e desenvolvi uma capa de humor e sarcasmo para me defender de aparentar fraqueza.

Lembrando-me da experiência, não tenho raiva das crianças que implicavam comigo. Entristeço-me mais comigo mesmo por querer que elas gostassem de mim e por não me respeitar a ponto de me colocar em caminhos de dissabor.

Mascarando nossas inseguranças

Você não precisa ser um psicólogo para saber que enfrentar esse tipo de estresse afeta a pessoa em que você se torna. Esses momentos difíceis plantaram em mim as sementes da insegurança que desabrocharam em uma colheita de aflição.

Aqui está minha confissão: eu me preocupo demais com o que outras pessoas pensam de mim e quero realmente ser notado e aceito. Eu quero que outras pessoas gostem de mim porque tenho dificuldade de gostar de mim mesmo. Eu preciso que os outros me aprovem. Muitos dos problemas da minha vida vieram da vontade de fazer parte de "um círculo" e ter um assento àquela mesa. Ser apreciado, celebrado, aprovado. Eu me esqueci de que já tenho essas coisas em Jesus. Com uma amnésia como a de Drew Barrymore em *Como se fosse a primeira vez*, eu procuro por versões menores de coisas que já são minhas.

Vim a entender que querer agradar às pessoas tem total motivação no egoísmo, porque acaba apontando de volta para mim e como me sinto acerca de mim mesmo. Também descobri que, quanto mais você pensa em si mesmo, mais odioso se sente. O narcisismo leva à solidão. Viver suas inseguranças é o segredo para uma vida infeliz.

É tempo de deixar o lobo levantar e declarar guerra a um viver infeliz.

Duvido que eu seja a única pessoa que acabei fazendo cirurgia por causa de insegurança. A minha acabou sendo para reparar um ferimento feito por pessoas que eu queria que gostassem de mim; talvez a sua tenha sido para melhorar o corpo ou mudar a aparência para que outras pessoas gostem de você. Dá na mesma.

Minha teoria é que nenhum de nós deixa de fato o ensino médio. As apostas aumentam, mas o desejo de agradar às pessoas jamais vai embora. Em vez de se preocupar que seus amigos descubram que seu tênis *Airwalk* foi lixado, você poderia se preocupar que seus amigos descubram que sua carteira é somente uma réplica da Louis Vuitton. Em vez de ficar atrás das curtidas de um círculo de crianças na escola, você está atrás das curtidas no Instagram. Em vez de comparar o tamanho de seus *ollies* com as de seus colegas, você está comparando o valor de seu contracheque e o cumprimento em metros quadrados de sua casa.

Insegurança é falta de confiança. É proveniente da incerteza sobre seu valor ou lugar no mundo. Insegurança é crer que você não é suficientemente bonito, suficientemente rico, suficientemente forte, suficientemente inteligente, e que você não tem o que é preciso, que você não é uma pessoa legal, que as mentiras e as palavras rudes que falam da sua vida são verdadeiras. Que você é emocionalmente instável e, se as pessoas o conhecessem de fato, elas não o aceitariam. É se sentir fora de sua categoria, insuficiente e incompetente.

Você luta com alguma dessas coisas? Eu também.

Consequentemente, nos escondemos atrás de mecanismos que, como máscaras, encobrem nosso verdadeiro eu.

- Um desses mecanismos é *dar patadas*, tentar fazer outras pessoas se sentirem pequenas porque você se sente pequeno e o sentimento de infelicidade ama ter companhia. Você veste uma máscara "Estou melhor que você", a qual raramente remove. A falácia dessa defesa é que você nunca pode se promover criticando os outros. Não alcança o que você pretende alcançar.
- Há *a defesa Eu estou bem*, que finge que está tudo bem e age como se não se importasse com o que todos pensam. Essa é a resposta "o que vem de baixo não me atinge", mas se trata apenas de aparência superficial cobrindo a tristeza que está por dentro. Você veste uma máscara de sorriso que projeta que tudo está legal, embora esteja chorando por baixo dela.
- *Incrementar sua sensualidade* é outra estratégia de enfrentamento. Blusinhas com decotes profundos, saias curtas, um *post* após outro de seu corpo em trajes de banho superpequenos ou *posts* na academia fazendo exercícios ininterruptos para aumento dos bíceps e do peitoral, de modo que no verão você possa ter o corpo de Zac Efron no filme *Baywatch*. Essa é a máscara *Cinquenta tons de cinza*; você anseia por atenção, buscando validação da sua atratividade, esperando a aprovação proveniente do ser percebido.
- Meu principal mecanismo de ação é a *aparência superficial do cara engraçado*. Eu preciso que as pessoas riam, que pensem que sou divertido. Visto a máscara do palhaço da classe porque fui zombado. A capa espessa cresceu e evitou que eu me sentisse fraco, evitou que me sentisse como se não fosse importante. Você também deve ter essa tendência de transformar tudo em piada ou fazer observações autodepreciativas. O humor serve como uma deflexão para desviar a atenção para longe daquilo em que você se sente inseguro.
- E então tem a *defesa religiosa*, a máscara "Eu sou tão santo". As pessoas que se escondem atrás da religião se gabam de quantos versículos

bíblicos memorizaram, ou da frequência com que vão à igreja, ou de quanto elas dão ao pobre, ou do que fizeram por Deus. Jesus respondeu a esse mecanismo de defesa diretamente ao advertir os discípulos a não serem como os fariseus que usavam uma máscara de religiosos:

Vigiem vocês mesmos, para que não sejam contaminados com o fermento dos fariseus, com a falsidade deles. Vocês não podem manter sua verdadeira identidade escondida para sempre: logo ela será exposta. Vocês não podem manter uma máscara religiosa o tempo todo. Cedo ou tarde, a máscara vai cair, e a verdadeira face religiosa de vocês será conhecida. Vocês não podem falar uma coisa em particular e pregar o oposto em público. Chegará o dia em que a verdade será conhecida em toda a cidade (Lc 12.1-3, *A mensagem*).

O problema com a máscara religiosa é que, conforme observou Eugene Peterson, autor de *A mensagem*: "A principal preocupação da vida espiritual não é o que fazemos por Deus, mas o que Deus faz por nós."[3] Pensamos equivocadamente que suas bênçãos são determinadas por nosso comportamento, mas a verdade é que as bênçãos dele vêm primeiro, completamente imerecidas, e é isso que nos ajuda a mudar nosso comportamento. Seu nome é graça. E ela muda tudo.

- Escrevi anteriormente sobre minha experiência de *tentar ser como as outras pessoas*, a máscara da série *Star Wars: a guerra dos clones*. Deixe-me lembrá-lo de que essa máscara nunca vai embora; apenas se torna cada vez mais difícil manter o mesmo padrão do vizinho. Por exemplo, quanto do nosso cartão de crédito é fruto da tentativa de continuarmos no mesmo nível daqueles que fazem parte do nosso grupo de colegas?
- Às vezes reagimos à insegurança **nos anestesiando**. Consumir drogas e álcool, assistir à pornografia, sobrecarregarmo-nos nas mídias sociais ou fazer compras é como colocarmos uma máscara de zumbi sobre nossas emoções. Por que se sentir triste quando você pode ter uma tragada instantânea de dopamina com o Amazon prime? O problema com se anestesiar é que, citando Brené Brown: "Nós não podemos anestesiar de maneira seletiva as emoções. Ao anestesiarmos as emoções dolorosas, anestesiamos também as emoções positivas."[4] No final, você acaba sem dor nem prazer, sem alegria nem tristeza. Simplesmente você não sente nada.
- E é claro que há **compensação**, a resposta clássica à insegurança famosamente demonstrada por Napoleão, que compensou sua altura com exagerada bravata. A compensação parece com estar constantemente gabando-se de conhecer pessoas importantes, ganhando superioridade sobre os outros e gabando-se das próprias conquistas, transformando

tudo em competição. Essa máscara banhada a ouro, entalhada com diamantes, não é esgotante apenas para os que estão à sua volta, que se sentem constantemente como se estivessem assistindo a um *show*, mas é exaustivo manter as falsas aparências. A única coisa mais difícil do que estar próximo a uma pessoa insegura é ser uma pessoa insegura.

Quando você vive em um lugar de insegurança, é impossível curtir a viagem, porque você está sempre com medo de deixar a máscara escorregar. É irônico o fato de vestirmos máscaras na esperança de encontrar amor e aceitação, mas as pessoas não podem amar alguém que não conhecem. A pessoa por quem estão se apaixonando não é você; é sua máscara, uma versão superficial de você, uma fantasia que você escolheu cuidadosamente.

Pense séria e longamente nas consequências em longo prazo de se colocar em relacionamentos não sendo autenticamente você. O que você veste para obter deve vestir para reter.

Põe máscara. Tira máscara

A compensação por vestir uma máscara é ficar preso nela. Se conseguir o emprego com a máscara, você terá de usá-la todos os dias no trabalho. Se conseguir um relacionamento usando a máscara, você terá de usá-la sempre que estiver com aquela pessoa. "Fingir até que consiga fazer" às vezes é um bom conselho (na terceira seção do livro, eu falarei de quanto isso pode ser poderoso no que se refere a fazer a coisa certa quando você não estiver com vontade de fazê-la), mas, quando se refere a ser fingido como uma maneira de encobrir as inseguranças, na verdade você nunca conseguirá fazê-lo. Se você fingir, terá de continuar fingindo.

O autor Donald Miller escreveu em seu livro *Scary close* [Assustadoramente perto] (um olhar inacreditável e profundo no que estamos falando neste capítulo) que a "honestidade é o solo no qual cresce a intimidade"[5]. Relacionamentos ricos prosperam apenas quando você é real e transparente. O engano corrói o belo tipo de vulnerabilidade "nua e sem vergonha", que é o alicerce de relacionamentos saudáveis e gratificantes.

Com quais mecanismos de defesa você luta? Você pode precisar de um guarda-roupa inteiro para suas máscaras, já que cada uma se adapta a uma situação específica. É aí que se torna complicado. Quando você tem respostas diferentes para situações diferentes, é difícil se lembrar de qual máscara serve para qual dia. Como diz o poema de Walter Scott: "Oh, que teia emaranhada tecemos / quando decidimos engendrar mentiras...!"[6] É tão menos trabalhoso ser apenas você mesmo.

O que o fez vestir a máscara primeiro de tudo? Por que você recorre a pôr látex em seu rosto? Eu acho que é porque você e eu não sentimos que somos suficientes.

Nós acreditamos nas mentiras, as mentiras que dizem que você é o tanto que você faz ou o que conquistou: *Eu sou minha média de notas. Eu sou o tamanho da cintura que tenho. Eu sou meus seguidores nas mídias sociais. Eu sou tão bem-sucedido quanto o número de participantes na ceia do último domingo na igreja, ou a classificação de meu podcast.*

Para parafrasear outro conceito do livro *Scary close* que se identifica com minha experiência: nem sempre foi desse jeito. Quando éramos crianças, podíamos simplesmente brincar. Pulávamos dos balanços, construíamos coisas com pedras e sorríamos ao sol. Porém, em algum ponto no caminho, sentimos pela primeira vez dor ou constrangimento significativo. Em algum ponto no caminho, percebemos que não éramos muito parecidos com as outras crianças, ou que não vivíamos exatamente à altura dos padrões de nossos pais. E pelo fato de que nos sentíamos incompetentes, como se não fôssemos suficientes, desenvolvemos um exterior falsificado para mostrar para as pessoas. Ansiando por amor e aceitação, colocamos máscaras porque não nos sentíamos dignos de amor sem elas.

O maior problema dos mecanismos de defesa é este: quando veste uma máscara, você está se escondendo da bênção de Deus.

Você sabe que, quando pintar um cômodo, primeiro precisa colocar fita adesiva nas bordas daquilo que não quer que pegue tinta, como os interruptores de luz, o teto, os rodapés? A tinta só alcança onde não tem a fita adesiva. É por isso que é difícil a bênção de Deus alcançar o que você encobriu. Deus busca constantemente cobrir você de graça. Ele quer cobrir você com favor, instruí-lo com seu amor, dar-lhe o seu melhor e suas bênçãos. Ele quer que seu cálice transborde. Ele quer ungir sua cabeça com óleo. Ele sonha com isso desde antes da fundação do mundo. Porém, ele não quer usar quem você gostaria de ser, mas apenas quem você é de fato. Sua máscara está impedindo-o de avançar.

Não perca isso! Você é formado de modo assombrosamente maravilhoso (Sl 139.14). Você é único; você é belo, uma obra de arte. Você é o poema de Deus, sua obra-prima. Você é o que Ele pensa, e não o que você pensa.

Quando está repleto de admiração, e não de pretensão, como era quando criança, você está como Deus pretendeu que fosse. Qualquer coisa que você fizer que seja falsa ou mentirosa, quaisquer dessas afetações que não são fiéis à maneira como Deus o criou, é fita adesiva que mascara.

A cura para a insegurança é entender sua verdadeira identidade. Quando o juiz Gideão, do Antigo Testamento, duvidou de si mesmo e tentou colocar uma máscara, Deus lhe disse que ele era um poderoso homem valente, por isso iria conhecer sua real identidade, confiar em Deus e realizar grandes coisas (Jz 6.12). Por essa razão, Deus se recusou a deixar Gideão lutar contra os midianitas com 32 mil soldados que ele recrutou, insistindo em vez disso que ele lutasse com parcos trezentos ao seu lado enquanto enfrentava um exército de mais de mil. Os soldados

QUANDO VESTE UMA MÁSCARA, VOCÊ ESTÁ SE ESCONDENDO DA BÊNÇÃO DE DEUS que ele reunira haviam se tornado outra máscara, mas Deus a desmantelou para tirá-lo daquilo que ele estava se escondendo atrás. (Prometa-me que você vai ler logo a história em Jz 6.)

Quando sabe quem você é, o que você não é não importa.

Você é amado por Deus. É por isso que Ele o fez, por isso que o salvou. É por isso que derramou o sangue de Seu Filho e encheu você com seu Espírito. É por isso que Ele deu um chamado a você. Você é amado por Deus! Você não precisa de aprovação de mais ninguém, porque as únicas curtidas que realmente importam vêm do céu, e elas já são suas.

Deus não se encheu de você; Ele o escolheu. Você não foi um elefante branco de presente; Deus o escolheu conhecendo suas falhas e seus segredos vergonhosos. Ele jamais fica desgostoso, surpreso ou chocado por qualquer coisa que você tenha feito.

Sempre que você se pegar pensando: *Eu não. Eu não posso. Eu não sou*, replique imediatamente: *Eu sim. Eu sou. Eu tenho. Eu posso, porque sou amado por Deus*!

Você não é sua carreira; você não é sua coleção de sapatos ou de seguidores; você não é seu carro ou seu emprego, ou ainda a mesa à qual se assenta na lanchonete da escola. Em vez disso, coloque seu valor em ser filho, ou filha, de Deus, em ser amado por Ele.

A boa notícia para nós, os inseguros, fajutos usuários de máscaras, é que podemos escolher tirar a máscara. Isso é assustador, eu sei. É provável que você tenha usado uma por tanto tempo que não sabe como seria a vida sem ela, mas deixe-me dizer a você: se parece com liberdade.

Como disse o autor Ralph Waldo Emerson: "Deus não terá sua obra manifestada por covardes."[7] É preciso coragem para ser vulnerável. Você se sentirá horrorizado. Você desejará colocar a máscara de volta e se esconder mais uma vez. Porém, a única forma de chegar à vitória é passando pela vulnerabilidade. Você só pode se tornar quem nasceu para ser, abraçando quem você é.

Se pudesse falar com o Levi do oitavo ano, eu não lhe passaria um sermão de como seus amigos são terríveis e como irão chutar seus testículos até que ele precise de cirurgia. Eu o tranquilizaria de que, aos 36 anos, tudo estaria em pleno funcionamento, e que ele e sua linda esposa futuramente teriam cinco filhos. Eu teria a esperança de ajudar o jovem Levi a enxergar que, em vez de chegar *vazio* e buscando receber afirmação das crianças da escola, se olhasse para Jesus, o seu tanque seria constantemente *abastecido*. Em vez de precisar receber valor de fontes erradas, ele poderia compartilhar valor e oferecer graça, até por aqueles que são rudes, porque quem é que sabe das batalhas difíceis que eles estão travando que os fazem sentir a necessidade de ser cruéis.

E eu diria a ele que Deus pode fazer grandes coisas com pessoas pequenas. Com a ajuda de Deus, um menino-rato pode mudar o mundo.

DEUS
NÃO SE
ENCHEU
DE
VOCÊ
— ELE O —
ESCOLHEU

TENHA CUIDADO COM SUAS PALAVRAS

*Você pode julgar facilmente o caráter de um
homem pelo modo com que trata aqueles
que não podem fazer nada por ele.*
— FORBES, 1972

Fui um paciente de hospital na Inglaterra por duas vezes num intervalo de dez anos, pelo mesmo acidente. Sem brincadeira. Minha vida é esquisita.

Até fiquei no mesmo Pronto Atendimento. (Aliás, os ingleses não chamam de ER, chamam de A&E, o que é confuso porque para nós, americanos, o A&E é um canal de TV ao qual ninguém assiste. Porém, na Inglaterra A&E quer dizer "Acidentes e Emergência".)

Há muitas coisas perdidas na tradução entre a Inglaterra e os Estados Unidos. Estou certo de que para eles é irritante ouvir o que fizemos com o inglês da rainha, mas eu tenho a mesma dificuldade em entender as palavras deles como eles têm para entender as nossas.

Imagine você visitando a Inglaterra e ficar com vontade de comer o Doritos que sua amiga inglesa está comendo. Se disser: "Ei, me dê uns destes *chips*", ela responderá: "Oh, você quer dizer estes *crisps*?" Quando os ingleses falam de *chips*, eles estão se referindo à batata frita.

Os americanos vão ao *apartment*, e os ingleses vão ao *flat*. O *elevator*, elevador para o americano, é o *lift* do inglês. O *shopping cart*, carrinho de compra no supermercado do americano é o *push trolley* do inglês. O americano joga o lixo não na *trash can*, lata de lixo, mas na *bin*, e o *trash bag*, saco de lixo, é *bin liner* para o inglês. Uma *diaper,* fralda para o americano, é *nappy* para o inglês, e *stroller*, carrinho de bebê para aquele é *pram* para este.

Isso não é normal, pessoal.

Há uma palavra no inglês britânico que prefiro: em vez de dizer *watch out* (cuidado com), eles usam a palavra *mind.* Por exemplo, ao entrar no metrô, que em Londres chamam de *subway* ou *tube*, você é avisado por uma placa e uma gravação de voz que advertem sobre o vão existente entre a plataforma e o trem: *Mind the gap*, que significa "Cuidado com o vão".

De modo semelhante, se houver um pendente no qual você poderia bater a cabeça (muitos edifícios na Inglaterra foram construídos centenas de anos atrás e aparentemente as pessoas eram mais baixas naquela época), você verá uma placa que diz: *Mind your head* — que significa "Cuidado para não bater a cabeça".

Quanto mais penso nela, mais a expressão faz sentido. Você não pode *ver* sua cabeça muito bem (a menos que tenha um espelho), pois seus olhos estão fixados nela. Porém, você *pode* prestar atenção ou tomar cuidado com ela. E, se não o fizer, você fará o que eu fiz. Duas vezes.

Em 2001, em Yorkshire, bati a cabeça em um pendente baixo que não percebi e que rasgou meu couro cabeludo. Eu estava em meu apartamento e, quando ouvi o telefone tocar, pulei bem na direção de um teto rebaixado que estava sobre mim. Placas de sangue escorreram pela minha face. Esperei no saguão do hospital (onde não tinha nem o A&E para assistir na TV) por diversas horas, até que eles pudessem suturar a minha cabeça.

Se leu meu primeiro livro, *Through the yes of a lion* [Através dos olhos de um leão], você se lembrará da próxima história. Treze anos depois, eu estava na Inglaterra, e mais uma vez não tive cuidado com a cabeça. Dessa vez, um corte abriu-a no mesmo lugar ao me inclinar sobre uma janela baixa. Eu me vi no mesmo hospital, onde suturaram minha cabeça. Outra vez.

Tudo isso para dizer que as palavras "cuidado com sua cabeça" se tornaram muito íntimas para mim. Nesta seção, à medida que abaixamos a segunda carta, vou contar outra coisa importante em que você deve prestar atenção: as coisas que você diz. Isso inclui as palavras que fala aos outros, as palavras que fala a si mesmo, as palavras que fala sobre sua vida e as palavras que fala quando está com medo.

As palavras são poderosas. Você não pode vencer a guerra contra a versão que não quer ser de si mesmo se focar somente "as coisas que vêm de baixo" e pensar que palavras jamais podem feri-lo. Aqui estão algumas das grandes ideias que examinaremos nessa carta:

- Você pode alterar o modo como se sente mudando a maneira como fala.
- Você não precisa falar tudo que sente vontade de falar.
- As palavras que você fala sobre as pessoas podem mudar o curso de vida delas.
- A pessoa com quem você conversa mais do que todos os outros é você mesmo.

Eu e minha boca grande e idiota

Minhas bochechas ficam ruborizadas. Meu maxilar entesa. Posso sentir meu estômago contrair e de repente me conscientizo de como minha nuca está quente. Estou irado. Sinto-me desrespeitado e impotente, como se tivesse sendo tratado injustamente ou atacado sem provocação. Experimento a sensação tão familiar de queda. Então, tão rápido quanto o trovão segue o relâmpago, uma torrente de palavras se alinha em meu peito, uma combinação de ácido de bateria e sopa de letrinhas. Em um piscar de olhos, penso em trezentas coisas para falar, coisas que cortarão ao meio a pessoa que está na minha frente.

Já encarei esse sentimento em aeroportos, restaurantes, lojas de departamentos, hotéis, carros, aviões, supermercados, no escritório e em minha casa. Eu o senti enquanto estava debruçado em meu *notebook* ou olhando de esguelha ao telefone.

Quero cuspir veneno, inspirar fogo e atacar. É como se a situação melhorasse caso eu pudesse despejar uma série perfeita de sentenças vitriólicas em meu alvo. Palavras de maldição são raras, mas não ausentes em meu arsenal. Geralmente, as palavras que vêm à mente são agressivas, cortantes e embebidas em sarcasmo. Quase sempre me assombro pela maldade de que sou capaz, e sou pego desprevenido ao ver como me torno rapidamente uma criancinha indignada, pronta para lançar pedras porque foi ferida. Nesses momentos, meu objetivo é matar o máximo possível dos meus inimigos com o mínimo possível de palavras, infligindo o máximo de devastação por sílaba.

Minha tendência às desmoralizações verbais tem sua origem naqueles dias traumáticos do ensino médio, quando a crueldade de palavras como "Menino-rato" me inundava. O apelido deveria ter me feito jamais querer ser mau para os outros, mas, em vez disso, eu o usei como uma desculpa para desenvolver uma língua afiada. Recorro a revides pungentes toda vez que me sinto encurralado. Em meus piores dias, desconto naqueles que me são mais próximos. Meus pais, irmãos, esposa, filhos e colegas de trabalho, todos têm estado na ponta receptora da minha língua aparentemente indomável.

Eu detesto os dois ou três primeiros segundos de silêncio que seguem após ter deixado escapar um comentário que deveria ter contido. Vejo as palavras flutuando no ar como um míssil, e percebo tarde demais quanto elas irão atormentar.

Porém, assim que estico o braço para puxá-las de volta dos ares, elas soam legítimas, e um remorso amargo revolve-se em meu coração quando vejo a tristeza apunhalada nos olhos de alguém que confia em mim.

Certa vez minha esposa perguntou-me por que eu não gosto do jogo *Scrabble* (Palavras cruzadas), e eu lhe disse que é porque se parece com trabalho. Eu também não conseguia jogar o *Words with friends* (Palavras com amigos). Eu e as palavras já somos bons amigos o suficiente, talvez um pouco bons demais.

As palavras são minha vida. Elas são o que eu faço. Já passei milhares e milhares de horas trabalhando no palavreado preciso e preparando esboços, pontos de mensagens, capítulos, parágrafos e sentenças. Eu penso nas paronomásias, rimas finais, rimas iniciais, aliteração. Quando era criança, me preocupava se as sentenças que eu falava ou ouvia tinham número par ou ímpar de sílabas. Minha mãe pegava (e, se eu for totalmente honesto, às vezes a Jennie também me pega) meus lábios articulando silenciosamente algo que tinha acabado de falar, para que, ao repeti-lo, eu testasse a qualidade da rítmica.

Para cada sermão que escrevo, deve haver três a quatro versões que não são pregadas. Quando terminar este capítulo, eu vou finalizar uma mensagem que está me *matando* porque não consegui achar o título certo. O sermão é sobre viver além das "Listas de coisas que se quer fazer antes de morrer", como nadar com tubarões e acampar no Grand Canyon. A noite passada, após o jantar, depois de várias horas agonizando sobre como expressar aquela ideia com o mínimo possível de palavras, eu tive uma epifania quando minha filha Clover falou a palavra "chutar" em um contexto completamente isolado. Eu gritei "CHUTANDO A LISTA DE COISAS A FAZER ANTES DE MORRER!" como se tivesse acabado de descobrir a lei da gravidade, porque a palavra "chutar" transmite totalmente o que eu quero comunicar e justapõe duas ideias conhecidas de uma forma imprevista.

Aqui está o problema: uma força espontânea é uma fraqueza dupla. Se virar uma virtude de cabeça para baixo, você encontrará um vício no fundo.

O que lhe vem de modo natural pode facilmente se tornar um problema. Pergunte a Salomão, a pessoa mais sábia que já existiu. Ele tomou uma das decisões mais tolas que alguém já tomou.

Não há nenhuma outra área que seja (para mim) mais fácil bagunçar, e isso tem causado, posteriormente, mais aflição do que conversa. Tenho fechado minha boca e sentido remorso com tanta regularidade que isso é uma grande fonte de tristeza para mim. Eu meço o sucesso de uma reunião não pelo número de boas ideias que tive nem se o conteúdo foi coberto, mas se terminou sem eu ter dito algo que quisesse tomar de volta.

Sabe aquele sentimento quando você sai de uma conversa e o insulto perfeito vem à sua mente exatamente com um minuto de atraso? ("Bem, a *Jerk Store* ligou e eles estão expulsando você!"[1]) O idioma francês tem um termo para isso, *esprit de escalier*, ou o retruque sagaz em que você pensa depois de ter deixado a situação. Há ciência por traz do motivo por que isso acontece: quando está em confronto, a porção límbica de seu cérebro se coloca no modo "lutar ou voar", alocando todos os recursos disponíveis para manter você vivo. Infelizmente, tanto a inteligência como as habilidades das pessoas sofrem. Assim que o momento passa, o sangue que estava sendo desviado para seus músculos e visão com uma dose de adrenalina retorna para a parte racional de seu cérebro; então você consegue pensar naquilo que no momento não conseguiu. Quem dera eu ter aquele sentimento com mais frequência. O sentimento que tenho com mais regularidade é: *por que não coloquei a mão na boca e deixei de dizer o que pensei?* Tragicamente, as palavras são como creme dental; uma vez fora do tubo, não há como colocá-lo de volta.

❂ PODER DA LÍNGUA

O livro de Provérbios diz que a língua contém ambos, o poder da vida e da morte (Pv 18.21). É como um ínfimo reator nuclear capaz de ser tanto uma usina de energia que ilumina uma cidade como uma bomba que pode destruí-la.

Eu li que Orville Wright ficou triste[2] com o uso dos aviões na Segunda Guerra Mundial porque eles deram à humanidade a opção de fazer chover bombas do céu. Perturbou-o saber que ele havia criado algo que faria tanto mal, contudo não se arrependeu da invenção. O que o reconfortava era saber que todas as coisas que podem fazer muito bem também podem fazer muito mal.

Os tijolos podem ser usados para construir hospitais ou ser arremessados pelas janelas. A água pode matar a sede ou inundar uma cidade. Do mesmo modo, as palavras são neutras em si mesmas; é o modo como você as usa que determina se elas são boas ou ruins.

É esse o argumento que Tiago usa em uma das afirmações mais poderosas sobre a fala já expressa em palavras (trocadilho intencional):

> *Ora, se pomos freios na boca dos cavalos, para nos obedecerem, também lhes dirigimos o corpo inteiro. Observai, igualmente, os navios que, sendo tão grandes e batidos de rijos ventos, por um pequeníssimo leme são dirigidos para onde queira o impulso do timoneiro. Assim, também a língua, pequeno órgão, se gaba de grandes coisas. Vede como uma fagulha põe em brasas tão grande selva! Ora, a língua é fogo; é mundo de iniquidade; a língua está situada entre os membros de nosso corpo, e contamina o corpo inteiro, e não só põe em chamas toda a carreira da existência humana, como também é posta ela mesma em chamas pelo inferno. Pois toda espécie de feras, de aves, de répteis e de seres marinhos se doma e tem sido domada pelo gênero humano; a língua, porém, nenhum dos homens é capaz de domar; é mal incontido,*

TIJOLOS
PODEM SER
* USADOS PARA *
CONSTRUIR
HOSPITAIS
OU SER
ARREMESSADOS
* PELAS *
JANELAS

carregado de veneno mortífero. Com ela, bendizemos ao Senhor e Pai; também, com ela, amaldiçoamos os homens, feitos à semelhança de Deus. De uma só boca procede bênção e maldição. Meus irmãos, não é conveniente que estas coisas sejam assim (Tg 3.3-10).

Tiago explicou que uma pequenina faísca, um cigarro arremessado da janela de um carro ou uma fogueira apagada incorretamente, pode levar a um inferno que queima uma floresta inteira. Da mesma forma, uma simples frase pode alterar sua vida: "Eu amo você"; "Casa comigo?"; "É um menino"; "Quero o divórcio"; "Eu o perdoo"; "Sinto muito".

Uma frase pode devastar: "Teremos de deixar você partir"; "É câncer"; "Não há nada mais que possamos fazer".

Porém, com a mesma facilidade pode fazê-lo comemorar: "Você está sendo promovido!"; "Você tem o bilhete dourado!"; "Sua tia sumida há muito tempo lhe deixou uma herança enorme!"

As palavras podem custar seu emprego; Don Imus teve uma carreira bem-sucedida, mas foi derrubado por proferir um insulto racial. As palavras podem lhe custar a vida; emita sua opinião para a pessoa errada e seja morto.

Quando leio o que Tiago escreveu sobre o veneno mortal da língua, não posso deixar de pensar no dragão de Komodo, o maior lagarto vivente. Os dragões de Komodo são corpulentos e crescem não muito acima do chão. Embora não sejam rápidos, com seu veneno eles conseguem matar porcos e até vacas. Palavras descuidadas também podem causar ferimento, às vezes até matar.

Além do veneno e fogo, que apresentam perigos evidentes, Tiago usou as analogias de andar a cavalo e navegar, duas atividades divertidas que podem rapidamente dar errado.

Você deve se lembrar de que o ator Christopher Reeve, que fez o papel de Super-homem nos filmes originais (muito tempo antes de o Homem de aço entrar numa briga com o Batman e associar-se à Liga da justiça), quebrou o pescoço ao pular uma cerca montado em seu cavalo e se tornou um tetraplégico que precisou de uma cadeira de rodas pelo resto da vida. Acidentes com barcos também podem causar muito mal. Lembro-me de um acidente horrível que aconteceu onde moro, em Montana. Um barco para esqui havia parado para pegar um esquiador aquático que caíra. Enquanto o barco estava parado, um passageiro pulou para ir ao banheiro, sem que o piloto soubesse. Ao olhar para trás e ver que o esquiador estava bem atrás dele, deu marcha a ré e foi em cima do cara que estava fazendo xixi na água. O piloto nem sabia que o outro homem estava lá, logo atrás do barco. O pessoal do resgate conseguiu salvar a vida do homem ferido, mas ele perdeu o pé no acidente.

Do mesmo modo que controla o tipo de língua que você tem, se consegue enrolá-la ou espichá-la, a hereditariedade também é a razão de nossa língua ser tão

QUANDO ESTÁ
FUNCIONANDO
CORRETAMENTE,
A
LÍNGUA
★ É TANTO UMA ★
FONTE
★ QUE REFRESCA ★
COMO UMA ÁRVORE
FRUTÍFERA QUE
ALIMENTA

destrutiva. Lemos em Romanos 5.12 que é nossa natureza pecaminosa que torna nossas palavras tão perigosas: *Portanto, assim como por um só homem entrou o pecado no mundo, e pelo pecado, a morte, assim também a morte passou a todos os homens, porque todos pecaram.* Felizmente, qualquer coisa que pode ser usada para o mal pode ser recuperada e usada para o bem.

A língua pode ser incendiada pelo inferno, mas também pode ser incendiada pelo céu. Enquanto estava sob o controle do Espírito Santo, Pedro, que havia amaldiçoado a Cristo e negado conhecê-lo, pregou o evangelho para a salvação de duas mil almas no dia de Pentecoste. Provérbios 25.11 diz: *Como maçãs de ouro em salvas de prata, assim é a palavra dita a seu tempo.* Se seu discurso estiver repleto de graça (Cl 4.6), suas palavras terão o mesmo impacto que o sal (ou molho Tabasco) tem na comida: elas melhorarão as coisas! Então, suas palavras podem fortalecer as pessoas, compartilhar o evangelho, orar pelo enfermo. Suas palavras podem encorajar, confortar, tranquilizar e fazer as pessoas rirem. Provérbios 27.17 diz: *Como o ferro com o ferro se afia, assim, o homem, ao seu amigo.* Algumas vezes você precisa falar palavras difíceis de ser ditas, mas necessárias para ajudar as pessoas a se tornarem quem elas nasceram para ser. Em certo sentido, o amor pedirá que você apunhale seus amigos pela frente. E isso é uma coisa boa!

Quando está funcionando corretamente, a língua é tanto uma fonte que refresca como uma árvore frutífera que alimenta. Um cavalo desembestado é perigoso, e um acidente de barco pode acabar em desastre, mas quando o freio está firme no lugar, e o timão conduz corretamente, você pode desfrutar a paisagem que é tanto bela quanto agradável.

Paulo instruiu os efésios a escolherem as palavras cuidadosamente: *Não saia da vossa boca nenhuma palavra torpe; e sim unicamente a que for boa para edificação, conforme a necessidade, e, assim, transmita graça aos que ouvem* (Ef 4.29). Meu pastor de jovens no ensino médio me fez memorizar esse versículo quando eu confidenciei a ele que tinha problemas regularmente por causa das coisas que eu falava. Ele me aconselhou a processar antecipadamente, pelo filtro de Efésios 4.29, aquilo que eu queria falar.

Estude a tradução da Bíblia *A mensagem* para esse versículo: *Tenham cuidado com a maneira de falar. Nunca saia da boca de vocês nenhuma besteira ou baixaria. Falem apenas o que é útil e que ajude os outros!* O que poderia acontecer se as palavras que você usasse não fossem tolas ou sujas, mas, sim, presentes para aqueles a quem você fala?

Eu ainda luto diariamente para manter minha língua sob controle. Se eu baixar a guarda, é muito fácil recair. Posso ter batido a cabeça na parede somente duas vezes na Inglaterra, mas fiz uma bagunça danada muitas, muitas vezes mais por não ter cuidado com as minhas palavras. Porém, a partir do momento em que o lobo se levantou em meu coração para travar essa batalha, tenho visto benefícios

74 EU DECLARO GUERRA

enormes. Nos próximos três capítulos, eu vou desafiá-lo a travar guerra contra as palavras que você fala. Se Jesus é Senhor da sua vida, ele deve ser Senhor dos seus lábios também.

AS FAMOSAS ÚLTIMAS PALAVRAS

Você já pensou em quais poderiam ser suas últimas palavras? As últimas palavras do patriota americano Nathan Hale foram: "Eu lamento somente ter uma única vida para perder por meu país."[3] Essas palavras imitavam a fala de uma peça popular chamada *Cato*. Tem também William Owen "Buckey" O'Neill, um dos membros da cavalaria Rough Riders de Teddy Roosevelt durante a Guerra Hispano-Americana. Buckey estava fumando um cigarro e fazendo piada com suas tropas enquanto estavam sob fogo cruzado quando um sargento o avisou do perigo em que ele estava. Suas últimas palavras foram: "Sargento, a bala espanhola não foi feita para me matar!"[4] Adivinha como ele morreu? Por uma bala espanhola. Há também o famoso evangelista D. L. Moody, que em seu leito de morte disse: "Vejo a terra afastando-se e o céu se abrindo. Deus está me chamando."[5] Segundo a irmã de Steve Jobs, Mona, as últimas palavras do fundador da Apple foram: "Oh, uau! Oh, uau! Oh, uau!"[6]

Não há últimas palavras mais poderosas do que as que encontramos nas páginas da Bíblia. Josué disse aos filhos de Israel: *Eis que, já hoje, sigo pelo caminho de todos os da terra; e vós bem sabeis de todo o vosso coração e de toda a vossa alma que nem uma só promessa caiu de todas as boas palavras que falou de vós o* SENHOR, *vosso Deus; todas vos sobrevieram, nem uma delas falhou* (Js 23.14). Com que autoridade Josué podia falar! Ele potencializava suas experiências para fortalecer a fé das pessoas que amava e havia liderado.

As últimas palavras mais formidáveis das Escrituras vêm de um homem que as usou para entregar sua vida a Jesus. Com seu fôlego moribundo, o ladrão na cruz virou-se para Jesus e disse: *Jesus, lembra-te de mim quando vieres no teu reino* (Lc 23.42). E, embora tivesse vivido uma vida de crime e pecado, o homem foi salvo. Jesus lhe respondeu: *Em verdade te digo que hoje estarás comigo no paraíso* (v. 43). Isso não lhe diz algo sobre o amor de Deus? Não há ninguém que tenha ido longe demais que não possa ser salvo. Não importa o que tenha sido.

Falando de Jesus, suas últimas palavras são incomparáveis em significado. Primeiro disse: *Tetelestai*, que significa "Está consumado", ou completamente pago (Jo 19.30). Ele sofrera por todo o pecado do mundo, que fora colocado sobre Ele. E então, tendo encerrado a missão que Deus lhe dera, disse: *Pai, nas Tuas mãos entrego o meu espírito!* (Lc 23.46), que vem de Salmo 31.5. Na época de Jesus, esse salmo era uma oração feita antes de dormir. Maria deve ter recitado isso para Jesus todas as noites antes de Ele dormir. Talvez ela até o tenha sussurrado para Ele enquanto dormia na manjedoura na noite em que nasceu. É possível que ela lhe tenha recitado essas palavras milhares e milhares de vezes enquanto Ele crescia.

Maria jamais poderia saber que estava ensinando-lhe a morrer! Porém, Jesus não estava orando essas palavras por causa da nostalgia por sua infância. Ele nos deixou pegadas para seguir quando chegar a hora de morrermos. Estêvão, o primeiro seguidor de Jesus a ser morto por sua fé depois da ressurreição de Cristo, reconheceu o que Jesus dera como exemplo: *E apedrejavam Estêvão, que invocava e dizia: Senhor Jesus, recebe o meu espírito! Então, ajoelhando-se, clamou em alta voz: Senhor, não lhes imputes este pecado. Com estas palavras, adormeceu* (At 7.59,60).

Aqui está o poder de tal oração: Você não tem de temer a morte se souber para onde está indo. Se você entregou sua vida a Jesus, então a morte não é *deixar* o lar; é *ir* para o lar. Aqui estão os detalhes importantes: somente *você* pode confiar seu espírito a Deus.

É necessária a cooperação de 72 músculos diferentes para produzir um discurso.[7] Em média, 16.000 palavras saem de sua boca por dia.[8] Isso perfaz a imensa quantidade de 860,3 milhões durante a vida.[9] Fora os substantivos, verbos, adjetivos e artigos que poderiam sair de sua boca, o mais importante, de longe, são as palavras que você escolhe falar ao confiar sua alma nas mãos de Deus. Eu recomendo que você não espere até estar no leito de morte para dizê-las. Por que não agora mesmo? Você não está tão zoado; não é um caso perdido. Deus prometeu que TODO AQUELE *que invocar o nome do Senhor será salvo* (Rm 10.13, ênfase acrescentada). Antes de virar a página para ler o próximo capítulo, você poderia gerar algo novo em folha em sua alma, começando uma nova temporada como filho de Deus. Somente quando estiver pronto para encarar a morte é que estará verdadeiramente pronto para encarar a vida. Sim, é importante tomar cuidado com sua cabeça, mas é ainda mais essencial tomar cuidado com sua alma.

SE VOCÊ DIZ QUE É ASSIM

*A principal atividade de Deus é
abençoar, e não amaldiçoar.*[1]
— Eugene Peterson

Minha família é uma família Disneylândia. Nós amamos o lugar. De fato, há certa magia e encanto acerca dele (e, sim, uma etiqueta de preço equivalente). Passe pelos portões e entre na terra do amanhã, da fantasia, da aventura, do que você quiser. Amo o tanto de atenção que a Disney dá aos detalhes. Eles trabalham muito duro para garantir que até as filas de espera sejam parte do pequeno mundo que você está explorando. (Ainda, me reconforta saber que o Mickey costumava ser chamado de Mortimer e que originariamente ele era um rato. Isso diz a você que pequenos ajustes, e não mudanças enormes, levarão a conquistas imensas. A diferença ínfima entre Mickey e Mortimer parece leve, mas tem implicações de bilhões de dólares.)

A intenção de Walt Disney era que os visitantes experimentassem algo especial, que a imaginação e a história girassem em torno deles enquanto exploravam os parques, iam nos brinquedos e passavam o dia no reino da magia.

É difícil não ouvir seu coração batendo um pouco mais rápido quando você atravessa os portões e avista o Mickey Mouse gigante, construído no meio de flores na colina, logo depois de passar pelos funcionários que recebem os *tickets*.

Você esquece as precauções à medida que é envolvido em algo criativo e totalmente abrangente.

Eu fui a um parque da Disney apenas uma vez quando criança, e esse foi o ponto alto da minha educação. Quando eu e minha esposa nos mudamos para a Califórnia, compramos passes para a temporada e íamos regularmente, mesmo que fosse apenas por uma hora, para andar, observar as pessoas e comer uma sobremesa. Levar meus filhos ao parque tem sido exponencialmente mais repleto de alegria do que jamais poderia imaginar.

Meu item favorito em relação aos parques da Disney é o cheiro. A Disney faz coisas extraordinárias para controlar sua experiência, e sabe que a memória e a emoção estão intrincadamente ligadas ao aroma. Isso porque o nervo olfativo, que carrega informações de cheiros para o cérebro, opera próximo à amígdala cerebral, a parte do cérebro que armazena memória e informação emocional.

Quando vai ao brinquedo *Soarin around the world* [Plainando pelo mundo], no parque *California adventure*, você consegue sentir o cheiro de oceano ao sobrevoar o mar. Consegue captar o cheiro de sujeira levantado por uma debandada que você sobrevoa nas costas de um espírito feminino, *banshee*, no Flight of Passage. Esse é um brinquedo inspirado no Avatar, no parque Animal Kingdom, que quase me fez chorar. Quando o Trem *Chew Chew* de *Heimlich* o leva por dentro de uma melancia, você consegue sentir o cheiro também. A forma como os brinquedos e os vendedores de comida borrifam aroma no ar faz a experiência levar a uma dimensão diferente. Você pode achar seu caminho no parque pelo cheiro, desde a entrada até a saída.

A combinação de certos sons e cheiros em torno da Disneylândia, no condado de Orange, tem sobre mim o mesmo efeito que comer *ratatouille* no filme da Pixar, de mesmo nome, tinha para as pessoas: ele me transporta de volta no tempo. Eu me pego dando um *zoom* nas páginas da minha vida. Sou um menininho, um marido recém-casado. Estou caminhando de mãos dadas com uma menininha que agora está no céu. Estou carregando cada uma de minhas filhas sobre os ombros na primeira viagem que "papai e filhas" fazem ao parque, estamos avistando o castelo. Essas memórias inundam meu cérebro enquanto empurro o carrinho com meu filho Lennox, que faz *sua* primeira viagem ao parque.

É difícil não ser apanhado e carregado quando se sente tanta coisa no ar. Nada disso é por acaso. Cada polegada da mágica que você vivencia na Disneylândia é projetada cuidadosa, intencional e minuciosamente pelos *Imagineers*. A atmosfera é carregada de animação, porque os *Imagineers* a construíram desse jeito. Eles imaginaram um conceito na mente e depois o puseram no papel; finalmente os materiais foram impressos, fabricados, cortados e serrados, e o produto final tem sido mantido de forma amorosa e diligente.

Esse é o mesmo tipo de paixão e dedicação necessário para lutar com sucesso as batalhas que se declaram dentro de você, para controle da sua vida. Deus pretende que você seja rodeado de uma atmosfera de fé, mas você tem de criar essa atmosfera de propósito. E mais do que qualquer outra coisa, isso requer suas palavras.

⑩IREITOS DE NOMEAR

Retornemos. No último capítulo eu o avisei para escolher as palavras com cuidado e o adverti sobre o risco de destruir outras pessoas com o que você diz. Neste capítulo, eu gostaria de lhe oferecer as ferramentas práticas de que precisará para usar suas palavras para o bem.

O primeiro trabalho que Deus deu aos humanos foi dizer uma palavra sobre algo que ele criou: *Depois que formou da terra todos os animais do campo e todas as aves do céu, o SENHOR Deus os trouxe ao homem para ver como este lhes chamaria; e o nome que o homem desse a cada ser vivo, esse seria o seu nome* (Gn 2.19, *NVI*). Você entendeu? Qualquer coisa de que o homem chamasse o animal, este seria seu nome. O trabalho de Adão era falar, e o que ele falava permanecia. Você tem o mesmo trabalho. Deus traz a você um dia e seu trabalho é dar um nome a ele, declarar algo sobre ele. Qualquer coisa de que você chamar esse dia vai permanecer.

Analise as implicações:

Quando acorda, você luta para sair da desorientação matinal comum: *Meu cabelo ainda está com rabo de cavalo. Eu deveria ter desmanchado antes de ir para a cama. Acho que meu braço está adormecido. Como isso veio parar embaixo de mim desse jeito? Que dia é hoje? Quinta-feira. Eu deveria me levantar. Porém, está tão quentinho na cama. Se eu não levantar agora, dormirei mais uma hora e terei de correr o dia todo.*

Pisando em roupas sujas que estão transbordando do cesto, você se arrasta até o banheiro, mantendo os olhos fechados, já que enlouquece com a luz. Abre a torneira e joga água fria no rosto. Ela escoa por entre seus dedos e desce por suas bochechas como mil riozinhos acordando você. Então, vem o momento da verdade, já que pela primeira vez hoje você afasta as mãos e se olha no espelho.

Quem você vê olhando de volta para você? O que você escolhe dizer para a pessoa que está vendo no espelho?

Sou bonito ou sou feio?

Sou valioso ou não sou digno de amor?

Eu vou ter um dia incrível ou já estou tão aquém disso.

Qualquer coisa que você disser sobre o que vê, é disso que será chamado. Talvez, como eu, você ficou tão bom em se ouvir que esqueceu de falar a si mesmo. É fácil ir à deriva com os autofalantes de sua alma aumentando o volume do

VOCÊ PODE **ALTERAR** O MODO COMO SE **SENTE** MUDANDO COMO **FALA** comentário detalhado de seu eu naturalmente negativo. É hora de você se demitir como crítico pessoal e se readmitir como *coach*. Você pode alterar o modo como se sente mudando como fala.

Isso é guerra.

Acordei esta manhã com uma música de adoração que Alexa tocou para mim em meu Amazon Echo. Comi aveia e tomei café puro enquanto lia minha Bíblia e orava. Ainda não entrei no Instagram nem comprei algo no Amazon. (Se recompensar meu cérebro com dopamina antes de realizar qualquer coisa, eu perseguirei essa coisa o dia todo; o *e-mail* e as mídias sociais são um mimo que eu me permito somente quando já fiz algo digno de recompensa.) Agora estou ouvindo música que foi muito bem selecionada, e estou com uma vela acesa que uso apenas quando estou escrevendo. Estou usando um par de óculos sem receita "para escrever" e, quando os coloco, sou um escritor que não é um covarde ou um procrastinador.

Logo que acordei e pensei em escrever, a intimidação costumeira começou a cutucar meu cérebro: *Você não pode escrever. Você vai se distrair. Você tentou escrever na segunda-feira, mas não conseguiu colocar uma palavra para fora. Nenhuma.*

Eu calei aquela voz, dizendo: *Este livro vai mudar vidas. Escrevê-lo vai ajudar-me e aos meus leitores. Mal posso esperar para começar depois de ter feito meu devocional. Deus falou comigo, e ele vai falar por meio de mim!*

Forcei essas palavras a saírem da minha boca (silenciosamente, porque eram 6h13 e meus filhos estavam dormindo), mas eu tinha de ouvir eu mesmo falando positivamente sobre o dia que estava diante de mim:

Meu dia de trabalho começa em algumas horas. Por isso, antes eu preciso não apenas escrever um pouco, mas fazer exercícios para poder estar saudável e ter energia. Eu falo em Seattle hoje à noite, e o aniversário da Jennie é amanhã, por isso não tenho nem cinco minutos de sobra para sentar e sentir medo, ansiedade e autocomiseração. Ninguém tem tempo para isso.

E com isso me apresentei e comecei a trabalhar. E você também pode.

As coisas específicas que apresentei podem não ajudar você a vencer a guerra. Talvez você deteste aveia e as velas lhe deem dor de cabeça. Tudo bem. Descubra o que funciona para você. Você não precisa usar meus "óculos de autor" para se tornar a versão que deseja ser de você mesmo; talvez haja um anel especial que você coloque e que a ajude a se tornar uma mãe gentil, ou uma caneca especial em que você toma seu chá verde *matcha* e que somente pessoas corajosas, vulneráveis e autoconscientes têm permissão para tocar. Vencer a guerra interior não é um padrão único; é um trabalho customizado para uma obra-prima customizada, feita sob encomenda, porque é isso que você é e o que sua vida é. Você precisa descobrir o que é necessário para se vestir de modo que possa estar da melhor forma quando se apresentar.

82   EU DECLARO GUERRA

O modo como você fala determina o modo como você se sente. Pare de ouvir seu medo e coloque um pouco de fé no ar. Da mesma forma que os *Imagineers* da Disney projetaram a atmosfera da exposição Cars Land para fazer você sentir como se estivesse na Route 66 em Radiator Springs, use suas palavras para se cercar de fé e força.

& SEJA

Você não pode dar muita ênfase à importância que a Bíblia dá às palavras. Na criação, Deus fez o mundo pela palavra (Gn 1). Na encarnação, Deus veio ao mundo pela palavra, e a Palavra se tornou carne na pessoa de Jesus, a Palavra viva. (Jo 1.14). Isso deveria lhe dizer alguma coisa sobre o peso das palavras. Tanto no início como no momento mais crítico, mais decisivo da história, a solução de Deus foi falar.

O fato de saber que Deus lhe deu o mesmo poder de fala deveria deixar você humilde. Isso é parte do intenso privilégio de ser feito à imagem dele. Seu discurso pode criar, destruir, construir, curar ou ferir.

Quando Deus ouve você falar que a reunião foi horrível, seu carro é uma porcaria, seus filhos são ingratos, seu marido é preguiçoso, sua cidade é pequena, sua casa é abarrotada, a resposta dele é: *Se você diz que é assim...* Por causa do poder que colocou em sua língua quando o fez, ele permitirá que permaneçam os rótulos que você traz à existência quando fala. Consequentemente, você terá uma experiência terrível em sua reunião, um passeio desagradável na porcaria do seu carro. E você encontrará em seu marido e seus filhos milhares de exemplos de preguiça e ingratidão. Sua casa realmente encolherá à sua volta, do mesmo modo que irá encolher a cidade claustrofóbica em que você está preso. Você se sentirá do modo como fala e achará o que procura.

Por outro lado, você pode escolher falar sobre a reunião como algo que será desafiador, mas importante, cheio de oportunidades para resolver problemas. Você pode escolher falar de como é grato por ter um carro, de quão feliz está pelo fato de seu marido trabalhar duro para prover para a família e como seus filhos aprenderão sobre gratidão com seu exemplo. Isso lembra você de que é grato por não viver mais naquele minúsculo estúdio, e, embora sua cidade atual possa não ser Los Angeles, ela tem charme à própria maneira. Isso o induz a orar por uma vizinha que tem estado em sua mente e, quando termina, você envia a ela uma mensagem de texto com algumas palavras de encorajamento. A resposta de Deus a essa nova maneira de falar é a mesma: *Se você diz que é assim...*

Suas palavras podem destravar uma vida que você ama ou uma que você odeia. Você é quem decide se as profecias autorrealizáveis que articula se tornam um deleite ou uma masmorra. Felizmente, como escreveu C. S. Lewis, "As portas do inferno são trancadas pelo *lado de dentro*"[2]. Se você entrou no caminho dessa bagunça atual pela palavra, é bem provável que pela palavra possa sair dela.

Uma das minhas histórias bíblicas favoritas ilustra a capacidade que as palavras têm de estabelecer a pauta para sua fé e o seu futuro. Um centurião, um oficial do exército romano responsável por cem homens, veio a Jesus em busca de ajuda porque seu servo estava gravemente doente. Os centuriões eram soldados de carreira, insensíveis homens de guerra, facilmente identificados pelas plumas vermelhas em seu capacete. Era difícil se tornar um centurião, mas, uma vez na posição, a pessoa certamente era bem-sucedida. Ele tinha dinheiro, poder, respeito — em outras palavras, estava vivendo o sonho.

Por outro lado, os escravos no Império Romano não tinham direitos; eles não eram classificados como seres humanos, mas, sim, como "ferramentas vivas". Os escravos eram um número significativamente maior que os setenta milhões de cidadãos do império, por isso manter a ilusão de controle era imperativo para os senhores, que sabiam que pouco poderiam fazer para acabar com um motim se as formigas algum dia descobrissem que não precisavam dar toda a sua comida para os gafanhotos.

(Desculpe-me, só que não! Eu lhe disse que amo a Disney.) Quando um escravo estava doente e incapacitado de trabalhar, os senhores não tinham obrigação de buscar ajuda médica, porque poderiam facilmente comprar um substituto.

Você pode ver imediatamente que há algo diferente acerca desse soldado. Ele não mostrava sinais de crueldade, somente ternura, na medida em que buscou ajuda em favor desse servo. As palavras que ele usou mostram que considerava o jovem como um filho: *Senhor, o meu criado jaz em casa, de cama, paralítico, sofrendo horrivelmente* (Mt 8.6). Referindo-se a Jesus, ele usou a palavra "Senhor"; em grego, a palavra é *kurios*, que significa "rei". Isso era equivalente a uma profissão de fé em Jesus como seu soberano.

Em resposta aos apelos do centurião, Jesus concordou imediatamente em ir à casa do homem para tratar de seu servo. Porém, o centurião contestou que não havia necessidade de Jesus entrar em sua casa. Em primeiro lugar, seria inconveniente para Jesus viajar; segundo, se Jesus entrasse na casa de um gentio, ele seria cerimonialmente contaminado e teria de passar por uma purificação ritual antes de sua vida normal poder continuar. (Tradução: Ele pegaria piolhos gentios.) O centurião não queria que Jesus fosse importunado enquanto lhe fazia um favor.

Em vez disso, o centurião confiava que as palavras de Jesus seriam suficientes: *Mas apenas manda com uma palavra, e o meu rapaz será curado* (v. 8). Sua lógica é sensata. Se Jesus era a Palavra, tudo que ele tinha de fazer era falar a palavra, e o servo ficaria bem. A criação não tem escolha senão a de responder ao criador.

A fé do centurião surpreendeu Jesus: *Ouvindo isto, admirou-se Jesus* (v. 10). Isso é digno de nota, porque Jesus era um cara difícil de impressionar! Ele continuou:

84   EU DECLARO GUERRA

Em verdade vos afirmo que nem mesmo em Israel achei fé como esta. Embora não fosse uma das pessoas de Deus, o centurião demonstrava um comportamento — um coração de fé articulada por meio de lábios que confessam confiança no que Deus pode fazer — que desde o início Deus tinha buscado.

Jesus jamais havia operado um milagre da maneira que esse homem estava sugerindo. Até esse ponto, ele sempre estivera fisicamente presente quando curava as pessoas; ele as tocava ou orava por elas, ou ainda esfregava barro em seus olhos. O que o centurião sugeriu era um milagre a longa distância, o que implicava outro nível de fé em Jesus.

A resposta de Jesus ao centurião incluiu três palavras incríveis que continham uma grande promessa muito tempo antes de serem cantadas por Paul McCartney e John Lennon: "e *seja* feito conforme a tua fé" (v. 13, ênfase acrescentada).

É dessa frase, na realidade, que obtemos a palavra "amém". Geralmente usamos amém no final de nossas orações como se quiséssemos dizer: "Que o que eu orei possa vir a acontecer". Porém, à luz da história da vida de Jesus e do centurião, nosso objetivo deveria ser fazer orações audaciosas às quais Deus diga *amém* para nós.

A fé é a senha que libera o poder de Deus. Jesus disse: *se tiverdes fé como um grão de mostarda, direis a este monte: Passa daqui para acolá, e ele passará. Nada vos será impossível* (Mt 17.20). O soldado romano teve fé suficiente para pedir um milagre a longa distância e, como resultado, Jesus concedeu seu pedido e moveu a montanha. Ele recebeu um milagre porque teve fé que fez Jesus se admirar. Seu objetivo deveria ser usar as palavras de modo que elas glorifiquem o coração de Deus, inspirem a fé nos que estão à sua volta e tornem a vida melhor para aqueles que estão sofrendo.

Eu GOSTO DE FATO DE OVOS VERDES E PRESUNTO

Talvez você lute com o fato de ser amargo porque a vida tem sido dura. Outras pessoas têm uma vida mais fácil, e você sente que teria coisas mais otimistas para dizer se elas acontecessem para você. Porém, você não tem que ter muito para fazer muito.

Dr. Seuss sabia disso. Ele tentava usar o menor número possível de palavras diferentes quando escrevia. Ele impunha as próprias restrições, o que o liberava para escrever livros melhores porque tinha menos opções. Ele escreveu *O gato do chapéu*[3] com 236 palavras diferentes; então, seu editor apostou que ele não conseguiria escrever um livro usando apenas cinquenta palavras diferentes. Ele ganhou a aposta quando escreveu *Ovos verdes e presunto*, um dos livros mais vendidos de todos os tempos.

A ilustração é ainda mais legal porque *Ovos verdes e presunto* é sobre um cara que é antitudo. Ele não gosta de nada, e tudo é estragado por sua atitude ruim.

Somente quando experimenta a coisa que pensa que odeia é que ele muda de mentalidade. Quando aquela única coisa começou a fazer sentido, todo o seu mundo mudou de negativo para positivo.

Talvez você tenha um imenso potencial inexplorado, mas um espírito rebelde que se manifesta em palavras que são negativas e más, sarcásticas e cruéis. Será que, ao começarem a fazer sentido, palavras de humildade e submissão fluindo de um coração que aceita a soberania de Deus e sua bondade poderiam levar a um mundo inteiramente novo? Um mundo em que Deus usa você para fazer grandes coisas, não importa aonde vá e o que faça, se está em um barco, com um cordeiro, usando meias ou com uma raposa?

É loucura pensar em quanta diferença sua atitude pode fazer. Você sabia que os torcedores têm a capacidade de mudar o resultado de um evento esportivo? Eles podem ficar sentados lá com os braços cruzados ou abrir a boca e estimular. Um pesquisador da Universidade de Harvard[4] descobriu que o barulho da multidão tem um impacto real no jogo; para cada 10.000 torcedores presentes, o time da casa ganha uma vantagem adicional de gol de 0,1. Uma pessoa torcendo não faz muito barulho, mas e a arena toda? É uma questão totalmente diferente. A expectativa e a animação mudam tudo.

Esse tipo de pensamento poderia mudar o modo como você aparece na igreja. O teólogo William Barclay observou: "Não pode haver pregação na atmosfera errada. Nossas igrejas seriam lugares diferentes se as congregações apenas se lembrassem de que são elas que pregam mais da metade do sermão. Em uma atmosfera de expectativa, o menor esforço pode pegar fogo. Em uma atmosfera de frieza crítica ou indiferença insossa, a declaração mais cheia do Espírito pode cair morta ao chão."[5]

Quando suas palavras são cheias de fé, coisas impossíveis podem ser feitas. As montanhas podem se mover. Isso não significa que não haverá vezes em que você falará palavras de fé e não verá nada acontecer visivelmente. Nesses momentos, a principal coisa do mundo é se lembrar de que alguns dos milagres mais importantes de Deus não podem ser vistos a olho nu. Ele sabe o que você precisa saber: às vezes, a montanha que precisa ser movida está dentro de você.

SER RUDE NÃO É BARATO

Para cada ação há uma reação igual e oposta.
— Terceira Lei de Movimento de Newton

Olá. Meu nome é Levi Lusko e sou ruim em administrar a mim mesmo.

E você? Alguma vez você faz coisas, fala coisas ou tuíta coisas e depois percebe que não era aquilo que queria fazer?

Eu não quero brigar com minha esposa. Quero rir com ela. Quero que ela seja feliz. Quero que tenhamos aventuras, piadas particulares, guerras de cócegas e que envelheçamos juntos como se fôssemos uma versão do tipo vida real do casal no filme *Diário de uma paixão*.

Então, por que ajo como um idiota, ou digo coisas que ferem os sentimentos dela, ou perco a paciência e fico bufando pra lá e pra cá como uma criancinha de 1,50 metro que não conseguiu o que queria? Eu não curto estar em conflito com ela. Preferiria muito mais que estivéssemos fazendo amor ou sonhando com o futuro, ou dando uma caminhada, orando ou comendo massa.

Não quero brigar com meu pai. Quero tomar café com ele, fazer exercícios na academia com ele. Rir sobre as palhaçadas nas viagens. Falar do que estamos aprendendo em nossa caminhada com Deus. Relembrar histórias antigas que nos fazem rir.

Por que digo coisas que o irritam? Por que me torno defensivo e indignado? Por que levanto uma parede e me recuso a ver as coisas da perspectiva de qualquer pessoa, a não ser da minha mesmo? Não é porque eu queria que estivéssemos em um impasse. Eu preferiria que estivéssemos rindo até um de nós chorar, ou planejando um jeito de estarmos juntos e nos divertindo.

Não quero brigar com aqueles com quem trabalho. Quero trabalhar duro com eles, e não contra eles. Quero que nossa equipe seja criativa, dinâmica e mobilizada. Quero que nosso local de trabalho seja desafiador, mas inspirador; um laboratório onde possamos explorar, fazer *brainstorm* e coisas que nunca foram feitas antes. Quero que seja um lugar onde o fracasso não é disciplinado, mas esperado e abraçado, contanto que nasça de iniciativa e inovação. Quero que estejamos envolvidos em paixão, ânimo, risada, e que nos sintamos exaustos, mas empolgados ao final do dia.

Então, por que eu canalizo meu Steve Jobs interior e me torno um chefe inconstante, tempestuoso, exigente? Um ditador mesquinho, um arrogante egocêntrico e insensível ao impacto que meu humor, palavras e linguagem corporal têm sobre aqueles que me rodeiam? Eu preferiria muito mais que meu pessoal estivesse seguro quanto ao chefe que teriam toda vez que me encontrassem em vez de andarem na ponta dos pés, sobre cascas de ovos, até descobrirem qual versão de mim estariam encontrando.

Em todas essas situações, eu falo palavras, tomo decisões e dou dicas não verbais que me levam para além de onde eu gostaria de estar. Se pedisse um intervalo em qualquer um desses momentos para pensar nas implicações do meu comportamento, eu perceberia isso e corrigiria o curso. Porém, a ficha geralmente não cai até que *Evilevi* já tenha feito uma bagunça e me deixado com a conta.

Dale Carnegie disse com sucesso: "Se quiser juntar mel, não chute a colmeia."[1] Se uma abelha picá-lo enquanto você tiver recolhendo o mel, sua escolha de responder chutando a colmeia não vai ajudar a situação; vai deixá-la pior. Em vez disso, uma mão gentil ajudará você a conseguir o que quer.

Ouça os resultados de uma experiência reveladora descrita no livro *Everyday emotional intelligence* [Inteligência emocional cotidiana]:

> Os participantes que foram tratados rudemente por outros sujeitos foram 30% menos criativos que os outros no estudo. Eles produziram 25% menos ideias, e as que tiveram eram menos originais. Por exemplo, ao ser perguntado sobre o que fazer com um tijolo, os participantes que haviam sido tratados mal propuseram atividades lógicas, mas não particularmente imaginativas, tais como: "construir uma casa", "construir um muro" e "construir uma escola". Vimos mais entusiasmo da parte dos participantes que haviam sido tratados com civilidade; suas sugestões incluíam "vender o tijolo no eBay", "usá-lo como uma

trave para o jogo de futebol de rua", "pendurá-lo na parede de um museu e chamá-lo de arte abstrata" e "decorá-lo como um animal de estimação e entregá-lo a uma criança como presente"[2].

Você nem precisa ser o recipiente do comportamento rude; o simples testemunhar incivilidade tem consequências negativas. O mesmo estudo mostrou que "as pessoas que tinham observado um comportamento ruim tiveram um desempenho 20% pior nas palavras cruzadas do que as outras"[3].

O resultado final é que a grosseria faz com que o desempenho e o espírito de equipe deteriorem. Há um preço por ser rude. Pode lhe dar algo que pareça bom no momento, mas será à custa do que você realmente quer. Ser rude não é barato; é caro.

Lá no fundo, você sabe disso. Mesmo enquanto está sendo insolente com seus pais, sarcástico com seu cônjuge, ou soltando o verbo na pessoa do atendimento ao consumidor, que é boa em condescender, mas fraca no atendimento, você sabe que está tornando o problema pior, mas nesses momentos você não dá a mínima. Você só quer chutar a maldita colmeia.

Logo a situação avança para muito além de qualquer que fosse o problema original. Em vez de diminuir a intensidade, você a aumenta a um patamar inteiramente novo; em vez de dispersar o estresse, você o irradia de volta para a fonte que o enviou.

Provérbios 30.32 adverte: *Se procedeste insensatamente em te exaltares ou se maquinaste o mal, põe a mão na boca.* (Esse é um conselho bom para o relacionamento. Quanto sua vida seria melhor se você aprimorasse o colocar a mão na boca?) *Porque o bater do leite produz manteiga, e o torcer do nariz produz sangue, e o açular a ira produz contendas.* (v. 33).

Açular a ira em um relacionamento irá, toda vez, levar à rixa. E você diz: "Claro. Ora, óbvio, certo?" Contudo, por que nos afastamos, surpresos, quando os narizes das pessoas sangram — o nosso e o delas — e agimos com perplexidade quanto ao ocorrido? *Não acredito. Não acredito. Eu..., como isso aconteceu?* Oh, eu não sei, você foi violento, agressivo e malvado. E deu vazão à sua ira. Porém, agora não gosta do resultado?

Geralmente nesses momentos nós dizemos a nós mesmos: *Bem, essa não era minha intenção.* Certo? Usamos nossas intenções para desculpar o que fizemos de fato.

Porém, aqui está uma bela verdade que muda a vida: suas intenções não importam; seu comportamento, sim. Ninguém pode ouvir o que você *queria* dizer; nós ouvimos apenas o que você disse. Você é responsável pelo impacto que tem no mundo.

Ao se permitir ser provocado a dar um golpe no nariz de alguém, você abre mão da última coisa que é sua e somente sua: o controle de si mesmo. Veja, se

posso atingir você, eu me torno o seu chefe. Se eu puder dizer a combinação certa de palavras ou juntar insultos suficientes para fazer você perder a calma e ficar irado, então estou eficazmente no comando, porque você me deu a senha que destrava seu mau comportamento. Quantas vezes vai deixar as pessoas deixarem você irado antes de começar a trancar sua ira em um lugar diferente?

Eu entendo. Confie em mim, eu entendo. Eu tenho disparadores que conseguiram me frustrar tantas vezes que não tem nem graça. Quando me sinto desamado, conflitante, bombardeado ou fora de controle, é quase sempre muito fácil deixar que algo me chateie e que saiam da minha boca palavras que não quero falar. Sinto-me hipnotizado por meus sentimentos feridos; então, perco o controle, numa fúria da qual sei que vou me arrepender. Meu passaporte emocional já foi carimbado tantas vezes na visita a esse território que as páginas acabaram.

Estou cansado de entregar os reinos da minha vida a outras pessoas e circunstâncias. Contudo, encontrei liberdade em perceber que independentemente do que a outra pessoa faz, ainda tenho uma escolha e posso responder de uma maneira que seja completamente diferente do meu impulso inicial. A diferença entre as pessoas e os animais é que, pelo fato de termos sido feitos à imagem de Deus, podemos escolher *não* fazer o que sentimos.

Não está na hora de se libertar das pessoas que gostam de irritar você na vida?

QUATRO QUADRANTES PARA UM *VOCÊ* MELHOR

Eu arrumei uma matriz de quatro partes que me possibilita desacelerar quando estou me sentindo agitado. É um gráfico que você pode copiar em um guardanapo de papel, um pedaço de papel, seu diário ou qualquer coisa que encontrar. Eu recomendo enfaticamente que, nas primeiras vezes que fizer isso, você o desenhe fisicamente e o preencha, porque isso forçará você a se acalmar. No final, você será capaz de fazê-lo mentalmente, em tempo real, e isso lhe dará a liberdade de não dizer tudo que sente vontade de dizer.

Desenhe uma cruz e, nos quadrantes de cima, da esquerda para a direita, escreva as palavras *analisar* e *extrapolar*, deixando uma boa quantidade de espaço debaixo delas. Nos quadrantes inferiores, escreva as palavras *Priorizar* e *navegar*.

Debaixo de *Analisar*, escreva: *Eu quero...* e então escreva exatamente o que você quer dizer ou fazer por estar com raiva, triste ou ser rejeitado. Examine a fundo o que exatamente você está sentindo. Não fuja de suas emoções; estude-as.

- *Estou com vontade de dizer algo cruel ou rude.*
- *Estou com vontade de ter um chilique.*

- *Estou com vontade de soprar fogo nesse ego julgador dessa pessoa do "atendimento ao consumidor" por não nos ajudar muito, embora estejamos esperando mais tempo do que qualquer um.*
- *Estou com vontade de dizer ao meu cunhado que ele é um vagabundo preguiçoso.*
- *Sinto vontade de trazer história antiga para essa discussão com minha esposa, embora não tenha a ver com o contexto e esteja fora dos limites.*

Enquanto escreve o que quer fazer, tente sentir verdadeiramente a onda gigantesca empurrando-o para esses comportamentos. Não lute contra ela; apenas sinta-a.

Faça isso todas as vezes que sentir vontade de despejar sua ira sobre alguém, toda vez que se sentir pronto a fazer algo que vai resultar em rixa. Então, pare e analise o que quer fazer e por que está com vontade de fazê-lo.

Com o tempo, você começará a perceber conversas comuns, temas e padrões constantes. Você perceberá: toda vez que *isso* acontece, é assim que me sinto, e é *isso* que essa coisa me faz querer fazer. Quanto mais pudermos entender as emoções que impulsionam nossas palavras, melhor a chance que teremos de processá-las antes de responder a elas.

Analise seus sentimentos em vez de tentar liberar sua agressão fisicamente. É melhor pegar um pedaço de papel do que lançar um travesseiro, esmurrar um saco de pancada ou enfiar agulhas em um boneco de vodu. Essa terapia para estresse, creia ou não, já foi encorajada por especialistas como uma maneira saudável de tirar a fúria do seu organismo. Porém, em seu livro sobre ira, o especialista em relacionamento Gary Chapman escreveu: "Quase todas as pesquisas indicam atualmente que aliviar os sentimentos de raiva com tais comportamentos agressivos não esvazia a ira da pessoa, mas, na realidade, deixa-a com maior probabilidade de ser explosiva no futuro."[4] A caneta é mais poderosa do que um boneco contra o estresse.

Depois de ter analisado a situação, o próximo passo é *extrapolar*: se eu fizer *isso*, então acontecerá *aquilo*. Simule o cenário e leve-o para seu aspecto lógico.

Nessa fase, você está fazendo uma simulação, experimentando a resposta antes de comprá-la e tirá-la da loja. É como um salva-vidas, como ter o assistente virtual do Homem de ferro dentro de sua cabeça. A questão é entender a trajetória. Você pode voar alto, mas, apenas para que saiba, não tem poder suficiente em seu traje para aterrissar com segurança, sr. Stark. Então, corra atrás se quiser, mas tão somente saiba que será uma aterrisagem turbulenta. É incrivelmente útil entender as implicações de dada decisão antes de tomar a atitude.

Se eu disser *isso*, ela vai dizer *aquilo*. Se eu contestar com o insulto perfeito, será um tiro ouvido por todo mundo. O que acontecerá em seguida? O que ele fará provavelmente? E então, o que eu vou fazer? Como isso fará a situação se intensificar? O que fará à tensão? Quais são os impactos de longo prazo para minha família, meus filhos, minha reputação e minha carreira?

Considere isso tudo, simplesmente. Você ainda pode escolher tomar esse rumo; apenas certifique-se de fazê-lo entendendo o que acontecerá em seguida. Quais dominós levarão um empurrãozinho com essa escolha? Provérbios 4.26 diz: *Pondera a vereda de teus pés*. Este versículo nos lembra de fazer a pergunta: "Essa vereda me levará a um lugar que eu gosto? Eu vou gostar de um silêncio congelante que resulta da resposta dada com um comentário que aferroa?"

Uma pessoa sábia disse certa vez: "Se falar quando estiver irado, você fará o melhor discurso do qual se arrependerá para sempre"[5].

A coisa sensacional acerca de extrapolar é que você pode se avaliar e agarrar as rédeas de suas emoções antes que elas o precipitem a um abismo.

O terceiro passo é *priorizar*. Escreva: *O que eu quero realmente que aconteça é...* Você simulou as implicações do que quer fazer e (espero eu) percebeu que não é com isso que quer acabar no final. Agora pergunte-se: qual você quer que seja o resultado dessa situação? Como você quer que essa noite termine? Se você tivesse de apresentar um esboço sequencial da história dessa situação, o que estaria na última cena dos quadrinhos? Qual é a última cena antes da lista com os nomes dos créditos?

- *Eu quero ser ouvido.*
- *Eu quero um assento no avião.*
- *Eu quero respeito.*
- *Eu quero terminar a noite rindo com minha esposa.*
- *Eu quero fazer as pazes para que a gente possa dar uns amassos e então ir para a cama aos abraços.*

Lembre-se, você veio originalmente pelo mel, e não por uma picada de abelha. Quando tiro tempo para fazer esse exercício, percebo que há coisas que importam muito mais que a vindicação temporária. Por mais que seja agradável descarregar em alguém no momento, a vivência do prazer é extremamente curta, e você é deixado com o estrago. Como falei em meu último livro, *Swipe Right*, não negocie o que você mais quer por algo que dá prazer momentâneo.

O último e mais importante passo é *navegar*. Nesse quadrante, escreva: *O que preciso fazer para chegar lá é...* O que você precisa fazer que o levará de onde você está para onde você quer estar? Dica de profissional: Geralmente será o oposto de qualquer coisa que você tenha pensado em fazer no início.

- Para conseguir a mesa desejada no restaurante, tente usar a gentileza e a empatia, e não o sarcasmo e a arrogância.

- A honestidade, humildade e vulnerabilidade funcionam quando você quer atenção de seu cônjuge.
- Dizer calmamente à sua irmã que ela feriu seus sentimentos funciona melhor do que enterrar a dor lá no fundo e deixá-la ir saindo com alfinetadas passivas e agressivas.
- Peça às pessoas com quem você estiver em conflito que o ajudem a enxergar a situação pela ótica delas em vez de pressupor que sua perspectiva do episódio é correta e definitiva.

Isso me faz lembrar de uma das fábulas de Esopo:

> Certo dia o vento e o sol estavam disputando quem era o mais forte. De repente, eles viram um viajante descendo a rua, e o sol falou: "Eu sei um jeito de decidir nossa disputa. Qualquer um de nós que puder fazer aquele viajante tirar seu casaco será considerado o mais forte. Você começa". Então, o sol recolheu-se atrás de uma nuvem, e o vento começou a soprar o mais forte que podia no viajante. Porém, quanto mais forte soprava, mais o viajante ajustava o casaco ao corpo, até que finalmente o vento, em desespero, teve de desistir. Então, o sol saiu e, em toda a sua glória, brilhou sobre o viajante, que logo achou que estava quente demais para caminhar com seu casaco.
>
> A gentileza atinge mais que a severidade.[6]

O vento soprou e bufou, mas apenas fez o homem se contrair. O sol iluminou o dia e com gentileza conseguiu o que queria.

A Bíblia concorda que a gentileza e a cordialidade são mais fortes que a fúria e a força: *A resposta moderada neutraliza a ira, mas a língua afiada põe mais lenha na fogueira* (Pv 15.1, *A mensagem*).

Entender esses quatro passos e aplicá-los tem ajudado imensamente meu casamento. Nossa tendência antiga era fazer qualquer coisa que tivéssemos colocado no quadrante 1. Eu descobri que brigava quando não estávamos aderindo a um plano que eu tinha feito ou quando algo que eu tinha definido não estava sendo seguido. Então, eu descarregava uma torrente de perguntas: "Por que você não estava pronta? Por que você deixou para levar as crianças ao banheiro quando o avião já estava fazendo o embarque? Você não se lembrou de que eu pedi para você transferir aquele dinheiro antes daquele cheque cair?" Eu queria que tudo fosse rápido e fácil, pontual e pronto para acontecer, sem perceber que ninguém quer ouvir um ditador mesquinho. É quando você se humilha como servo que as pessoas querem segui-lo como um líder. Ser simpático é mil vezes mais eficaz do que ser um idiota.

Em situações em que estava sentindo-se negligenciada, Jennie costumava se trancar e fingir que tudo estava bem, mas sua linguagem corporal mostrava claramente que ela não estava feliz. O que queria era gentileza, afeto e atenção, mas ela estava tentando obter isso agindo como um porco-espinho, e ninguém quer abraçar um porco-espinho. A melhor maneira de me fazer cuidar dela é ela confiar e me dizer que está triste e precisa de mim. Isso quebranta o meu coração e me faz querer abraçá-la. A outra estratégia me confunde, frustra e afasta.

Advertência: Se escolher a vereda produtiva em vez de a que tinha em mente originariamente, no início parecerá que você está traindo a si mesmo. Nossa cultura coloca tanto valor em sermos verdadeiros com nós mesmos. Não fazer e dizer o que temos vontade é duro porque vai contra esse conceito. Porém, leva a algo muito melhor: tornar-se quem você quer ser. Minha amiga Lysa TerKeurst coloca isso da seguinte forma em seu novo livro *It's not supposed to be this way* [Não era para ser assim]: "Se formos ser honestos com nós mesmos, é melhor nos certificarmos de que estamos sendo honestos com nosso ego rendido, curado e saudável; aquele que Deus nos fez para ser"[5]. Você pode lutar com a ira, mas não é uma pessoa irada. Fomos todos criados à imagem de Deus. Aquelas coisas que você sente não são quem você é de fato.

O chiado satisfatório da observação irônica é como entrar no *drive-through* do Taco Bell e pedir coisas cobertas com queijo nacho quando você está morrendo de fome. A salada de couve galega com um fio moderado de azeite — engolindo seu orgulho e fazendo a coisa certa — parecerá muito menos agradável no momento. A questão não é o sabor dela; o importante é para onde ela leva.

Eu estava dirigindo da cidade para o aeroporto em Portland quando percebi que ia perder o voo. A rodovia estava entupida, e não se podia ver o fim da fila de carros. O Waze me redirecionou a sair da rodovia e pegar ruas comuns. A rota me levou por bairros residenciais com uma parada após outra em interseções de quatro vias. Porém, não me importei com quanto isso parecia bizarro; tudo que importava era que me levasse ao aeroporto. Quando você tem de chegar a algum lugar, o que importa não é a estrada parecer agradável de dirigir. Você não se importa com a beleza da paisagem ou se o asfalto é muito liso. Tudo que importa é se as ruas o levarão ao destino desejado. Esse é o pragmatismo que você precisa aplicar na comunicação de seus relacionamentos. Não importa quanto a estrada seja turbulenta; tudo que importa é: "Essa decisão me levará para onde eu quero ir?" Escolher abandonar a decisão de ralhar, resmungar, depreciar e criticar vai ser tão agradável quando você navegar para o lugar que priorizou que queria estar.

É possível que haja situações em que você esteja vivendo como Bill Murray no filme *Feitiço do tempo*. Mais uma vez, você acabou num impasse, numa briga ou em outro encontro frustrante com sua sogra ou seu irmão, e cada um foi embora com sangue pingando do nariz pela imposição da sua ira. Talvez uma estratégia nova seja adequada. *O prudente enxerga um problema e logo dá um jeito de escapar; o insensato entra de cabeça e acaba detonado* (Pv 22.3, *A mensagem*).

AQUELAS COISAS QUE VOCÊ SENTE NÃO SÃO QUEM VOCÊ É DE FATO

Quantas vezes você tem de ser surrado antes de começar a se esconder? Comece a tomar nota das situações que o pegam de surpresa e o incitam a responder de um modo que você não quer. Depois, tome nota daquilo que elas têm em comum, para que possa vê-las chegando e se curvar quando for preciso.

Outra questão útil para pensar é esta: *Como a pessoa que eu quero ser lidaria com isso?* Você pode pensar que isso é um pouco ridículo, mas ajuda. Eu vou pensar: *O que o Levi que eu gostaria de ser diz para sua esposa ou filhos quando está frustrado?* Geralmente, a resposta é ouvir mais e falar menos, dar mais ênfase e menos sermão. Ninguém se importa com o que você sabe se não souber que você se importa. Quando penso nisso dessa maneira, minha escolha é fácil: *Arreda de mim,* Evilevi*!*

Pense na pessoa que você gostaria de ser e imagine essa pessoa irritada. Escolha responder como ele ou ela responderia. Peça força a Deus e tape a fenda entre quem você é e quem você nasceu para ser fazendo a escolha certa, independentemente de qual seja a sensação no momento.

Mude sua perspectiva

Há outro aspecto para manter sua paciência sob controle: saber que sua perspectiva não é a única. O modo como você vê a situação pode não ser totalmente preciso.

Certa vez, Henry Ford ponderou: "Se houver algum segredo para o sucesso, ele está na capacidade de entender o ponto de vista da outra pessoa e de ver as coisas do ângulo dela, bem como do seu."[8]

É difícil fazer isso por causa da maneira como nosso cérebro se constitui. Eu li uma coisa fascinante no livro incrível de Brené Brown, *Mais forte do que nunca*. Ela mostrou de forma convincente por que pode ser tão difícil nos colocarmos no lugar do outro. Aparentemente, quando ouvimos uma história, nosso corpo libera cortisol, um hormônio do estresse, que não é varrido de nosso organismo até que haja uma resolução[9]. Ela explica:

> Na ausência de dados, nós sempre inventaremos histórias. É o modo como estamos conectados. Na realidade, a necessidade de inventar uma história, especialmente quando estamos feridos, é parte de nossa ligação de sobrevivência mais primitiva. Fazer sentido está em nossa biologia, e nosso padrão é quase sempre criar uma história que faça sentido, pareça familiar e nos ofereça um lampejo de como nos autoproteger melhor [...].
>
> Robert Burton, neurologista e romancista, explica que nosso cérebro nos recompensa com dopamina quando reconhecemos e preenchemos padrões. Histórias são padrões. O cérebro reconhece a estrutura familiar de começo,

meio e fim de uma história e nos recompensa por eliminar a ambiguidade. Infelizmente, não precisamos ser precisos, apenas estar seguros.

Sabe aquela sensação maravilhosa que experimentamos quando ligamos os pontos ou algo finalmente faz sentido pela primeira vez? O "momento *aha*", como diz Oprah? Burton usa isso como um exemplo de como deveríamos vivenciar a recompensa pelo reconhecimento de padrão do nosso cérebro. A parte complicada é que a promessa daquela sensação pode nos seduzir a desligar a incerteza e vulnerabilidade que são necessárias muitas vezes para chegar à verdade.

Burton escreve: "Por sermos compelidos a criar histórias, muitas vezes somos compelidos a pegar histórias incompletas e circular com elas". Ele continua dizendo que, mesmo com uma história pela metade em nossa mente, "ganhamos a 'recompensa' da dopamina toda vez que essa meia história nos ajuda a entender algo em nosso mundo, mesmo que a explicação esteja incompleta ou errada"[10].

Quanta loucura tem nisso? Nosso cérebro é tão faminto por escrever "caso encerrado" sobre o comportamento bizarro de outras pessoas que pode nos levar de forma errada a culpá-las falsamente de um crime que podem não ter cometido, tudo para ter a satisfação de não ter de imaginar quais eram os motivos delas. Seu marido pode ter sido legitimamente indiferente, não malvado, mas, em razão de seu cérebro odiar o fato de não o saber, brincou de juiz, júri e executor e determinou os motivos de seu marido por ele. Nas palavras de Brené, você acaba se sentindo certo, mesmo que não seja exato. Este é um lugar perigoso para estar, porque você vai tratar a outra pessoa como se ela fosse alguém que, na verdade, pode não ser. Porém, pelo fato de já termos recebido a recompensa química para nosso trabalho de detetive, é difícil qualquer um nos convencer de outra coisa. Não esqueça de que você não é a única pessoa que está tentando vencer a guerra interna. As pessoas que são parte de sua vida não devem gostar do comportamento ruim delas, assim como você não gosta. Um pouco de paciência vai longe.

Certamente é frustrante quando você está na ponta receptora daquele julgamento, quando alguém parece impassível quanto ao motivo de você ter feito algo, mesmo que você esteja tentando desesperadamente desfazer o mal-entendido.

Por causa desse viés cognitivo em relação à certeza, eu me lembro de ter sido duramente atingido quando li a linguagem abaixo que Brené recomenda em seu livro: *A história que estou escrevendo em minha cabeça é que você _____, porque você _____. Se isso estiver incorreto, poderia ajudar a esclarecer para mim?* Isso faz a outra pessoa saber como você vê as coisas e o que o seu cérebro está tentando fazer delas, mas dá um tom suave porque você ainda não as gravou em granito. Dá aos dois a chance de ver as coisas através dos olhos um do outro.

Usar essa linguagem em nossa casa diminuiu a intensidade de tantas situações que estava aumentando rapidamente. Jennie e eu frequentemente contamos um ao outro as histórias que nossas cabeças estão escrevendo, e damos um ao outro a chance de explicar se, de fato, há mais a respeito delas do que aparentam. Falar com nossas filhas dessa maneira e encorajá-las a falar conosco assim não apenas desarma situações que, outrossim, teriam continuado a se intensificar, mas as ajuda a sentir que não estão sendo atacadas. A linguagem abre espaço para a possibilidade de que o que você está trazendo à atenção delas pode não ser toda a verdade, e você está pedindo-lhes humildemente que lancem luz sobre o modo como você vê as ações delas.

A próxima vez que estiver sentindo-se aflito porque alguém disse algo rude, e que quiser chutar a colmeia e soltar uma torrente de frases tão grosseiras que fariam até mesmo os comentaristas mais maliciosos do YouTube se encolherem de vergonha, peça licença a si mesmo, desenhe uma matriz com os quatro quadrantes e recalcule sua rota. Quanto mais rápido fizer a matriz, mais rápido a entenderá, a ponto de conseguir fazê-la em sua mente no mesmo tempo que leva para puxar um fôlego profundo. Você precisará dessa velocidade; a vida é rápida e complicada e fica simplesmente mais doida quando as balas começam a voar. Lembre-se: isso é guerra.

Vou incluir um quadrante em branco na próxima página para que você possa preenchê-lo com qualquer situação que esteja lidando no momento. Use esse exercício e conseguirá evitar pedir coisas que você não vai querer pagar quando a conta chegar. Ser rude pode ser fácil, mas certamente não é barato.

ANALISE   EXTRAPOLE

PRIORIZE   NAVEGUE

RETOME OS COMANDOS

R2, tire-nos desse piloto automático!
Ele vai matar nós dois![1]
— ANAKIN SKYWALKER

Pouco a pouco fazemos nossas escolhas, e então nossas escolhas nos fazem. O filósofo Will Durant observou: "Somos o que fazemos repetidamente."[2] Nesta seção, vou falar sobre por que as decisões que você repete são realmente importantes.

Os robôs estão assumindo o controle. Alexa liga a música, destrava a porta da frente e aciona o alarme. As TVs têm sensores que detectam movimento e disparam a exibição de um quadro de sua escolha. Esse quadro aparece na tela quando alguém entra na sala. Siri envia mensagens de texto por você enquanto você dirige, e, se você desviar do curso enquanto estiver corrigindo a mensagem, o assistente automático de mudança de faixa direciona as rodas de volta para o centro das linhas pontilhadas, e o freio inteligente diminui a velocidade do carro para manter você no ritmo do fluxo do trânsito.

Você não precisa saber quantas colheres de chá há em uma xícara (48), qual é a capital de Vermont (Montpelier), onde é o lugar mais quente da Terra (*Furnace Creek*, na Califórnia) ou que idade tinha Michael Jackson quando morreu (50), contanto que possa dizer as palavras "OK, Google"[3]. Você jamais precisa amarrar um cordão no dedo para se lembrar de pedir novas toalhas de papel, sabão de lavar

POUCO A POUCO FAZEMOS NOSSAS ESCOLHAS

***

E ENTÃO NOSSAS ESCOLHAS NOS FAZEM

roupa ou cápsulas de café Nespresso quando for ao mercado, ou mesmo pelo computador ou telefone; você pode apertar o *Dash Button* da Amazon montado em sua cozinha ou lavanderia, e a milhares de quilômetros de distância um braço robótico tira de uma caixa, que tem um código de barra na lateral que acabou de escanear, o item de que você precisa. Agora seus itens estão a caminho.

O que acontece que, após fazer uma busca *on-line* por calças yoga, botas Chelsea, cachecóis Lenny Kravitz ou hotéis em Chicago, todas as páginas da *web* que você visita se tornam misteriosamente cheias de anúncios de calças yoga, botas Chelsea, cachecóis Lenny Kravitz e hotéis em Chicago? Você está sendo estudado; então, também pode ser comercializado. Suas curtidas no vídeo do YouTube, seu histórico de busca, seus *posts* no Facebook, as taxas de abertura em seus *e-mails*, o tempo que você gasta nos *websites*, quanto tempo seu *mouse* passa o cursor sobre um *link* antes de clicar nele, se você hesita antes de responder a uma pergunta, todos esses dados são sistematicamente registrados, processados, gravados e tratados como *commodity*. As companhias têm a expectativa de que, se lhe mostrarem coisas por tempo suficiente, você acabará comprando o que elas querem que você compre.

É um admirável mundo novo transbordando de automação. Cada vez mais coisas acontecem por si próprias, sem a necessidade do envolvimento humano. Há uma porção de benefícios emocionantes com essas mudanças. Por exemplo, os telefones mudando automaticamente o horário de verão eliminam o estresse de ter que se lembrar de mudá-lo manualmente. Eu também acho que os carros que se autodirigem provavelmente sejam uma opção melhor do que as pessoas dirigi-los. Voar em um avião é extremamente mais seguro do que voar em um carro, provavelmente porque grande parte do trabalho é feito pelo piloto automático.

Eu não falo isso para você temer a automação que está ocorrendo em seu entorno, mas para chamar sua atenção para a automação que está ocorrendo *dentro de* você. Não são apenas carros, casas, máquinas de lavar e *websites* que se tornaram automatizados. Seu comportamento também se tornou. Seus pensamentos, suas palavras, o modo como você responde aos seus estados de espírito, a quais sentimentos você reage, o modo como você fala com seu marido ou esposa, o modo como você trata os que são autoridade e o modo como você fala a si mesmo são todos como água pingando numa rocha que acaba abrindo uma fenda. Dando-se o tempo suficiente, ela pode se tornar o Grand Canyon.

Deparei com um ensaio fascinante e alarmante no livro *Everyday emotional intelligence* [Inteligência emocional cotidiana] que afirmava que a "pesquisa sugere que nossa gama de habilidades emocionais é relativamente definida até nossos 20 e poucos anos e que os comportamentos que nos acompanham são, nessa época, hábitos arraigados"[4]. Isso significa que quanto mais agimos de determinada forma — feliz, deprimido ou irritado — mais o comportamento se torna arraigado no circuito de nosso cérebro.

O concreto pré-moldado é feito derramando-se concreto em fôrmas de madeira, onde ele secará e armará. Seus hábitos são como uma daquelas fôrmas, e o tempo é o concreto que entornamos nelas. Isso significa que é absolutamente crucial (código de emergência azul) que o lobo se levante em seu coração e que você declare guerra à versão de si mesmo que não quer ser. Você não tem um minuto a perder. Você não pode se dar ao luxo de adiar a mudança até amanhã; é agora ou nunca. Seus hábitos estão enrijecendo enquanto você fala.

Agrupando

Seu cérebro busca conservar seus recursos limitados a fim de ter capacidade de processamento disponível para aquilo que você precisar. Qualquer coisa que você faz repetidamente parece ser "agrupada" em uma rotina, uma série de etapas armazenadas em um arquivo que pode ser enviado e executado sem você ter de pensar a respeito. Pense nos passos que você dá quando prepara sua tigela de cereais. Antes de despejar o leite, você provavelmente sempre fecha a geladeira do mesmo jeito, seja com os pés, seja com a mão esquerda. Enquanto executa essa série de movimentos, você consegue se preocupar com a reunião de trabalho, com o *e-mail* que precisa escrever ou com o que quiser, porque você não está literalmente pensando no que está fazendo.

Alguma vez você "acordou" de um estado mental vago enquanto estava dirigindo e percebeu que não se lembrava de nada do caminho para casa? Quando você sai do trabalho, da academia ou do supermercado, seu cérebro diz: "Eu sei o que está acontecendo. Eu assumo a partir daqui". É por isso que a primeira coisa que você faz quando precisa focar a direção é desligar o rádio. Enquanto estiver executando uma sequência automatizada, você consegue ouvir a música, mas, quando se perde ou pega um tráfego congestionado, você precisa liberar espaço no cérebro para que possa realmente focar o que está fazendo.

Você tem milhares desses arquivos armazenados e espalhados pelos lugares aonde vai e pelas situações em que regularmente se acha. Se já se dirigiu ao local errado por acidente, provavelmente você acabou em algum lugar aonde vai com frequência, porque posicionou o arquivo errado sem pensar. De acordo com a pesquisa da Universidade Duke, cerca de 45% de nossas ações diárias são hábitos[5]. Isso significa que em quase metade de sua vida você não está pensando cuidadosamente no que está fazendo, mas passando por um ritual automatizado incorporado em seu ser.

Isso pode ser uma coisa boa ou algo ruim, dependendo de quais são seus hábitos. Colocar o cinto ao entrar em seu carro? Genial. Emudecer de repente quando seus sentimentos são feridos? Não tão genial assim.

Por que certos arquivos foram criados? Foram criados por causa de um exemplo ruim? Você emulou alguns comportamentos de membros de sua família por tanto tempo que eles se tornaram automáticos? Talvez você tenha criado arquivos em resposta à dor. Você sempre se dirige ao restaurante *Chickfil-A* depois de um dia ruim no trabalho, porque precisa de carboidratos com alto índice glicêmico para parar de pensar nos sentimentos. Ou toma um ou dois *drinks* alcoólicos no almoço em um dia útil quando está se sentindo pra baixo.

É essencial examinar quais são seus hábitos. Os maus hábitos colocam você em uma desvantagem categórica, independentemente do que fizer o restante do tempo. Você pode ter as mais nobres intenções de honrar a Deus ou ser uma pessoa de caráter, mas maus hábitos relacionais, financeiros ou físicos podem reter você. Se for verdade que 45% de sua vida está no piloto automático, você já está paralisado em suas tentativas de viver a vida que quer, porque está trabalhando com apenas 55% de sua energia, tempo e atenção. Com base em minha matemática de guardanapo — e tenha em mente que sou péssimo em matemática —, se você fez toda escolha consciente de fazer o certo, sua "nota de vida" potencialmente mais alta é um D, já que seus hábitos ruins são subtraídos. É uma desvantagem enorme a ser superada.

Por outro lado, se você derramar hábitos saudáveis no concreto, as escolhas certas se tornam automáticas. Qualquer esforço consciente que você adicionar reforça um alicerce bom. Que fantástico seria se, antes de ter usado 28 gramas de boa vontade e tomado uma decisão simples, você estivesse começando a 45%? Você teria apenas de se esforçar 20% para estar naquela mesma nota D que, por causa dos maus hábitos, precisou de três vezes mais trabalho para ser alcançada.

Resultado: Você não precisa tentar tão arduamente caso coloque seus hábitos para trabalhar por você. Os hábitos colocam o vento em seu rosto ou em suas costas. Os certos precisam permanecer, e os errados precisam partir.

ⓓISTRAÍDO DA GRANDEZA

Um hábito particularmente ruim que ameaça nossa capacidade de alcançar grandeza é nossa dependência das telas. Os americanos passam até cinco horas por dia ao telefone[6]. Quase um terço do tempo em que estamos acordados, permanecemos debruçados sobre telas brilhantes. Isso é mais tempo dado a qualquer outra atividade em nossa vida, fora dormir. Cento e cinquenta horas por mês verificando *e-mails*, enviando textos, jogando o jogo mais novo, comprando *on-line*, colocando orelha e nariz de cachorro em nosso rosto, lendo *blogs*, selecionando *GIFs* e *emojis* e inteirando-se do Twitter. Ao longo da vida, a soma é de aproximadamente catorze anos.

Eis um pensamento assustador: Se tiver uma conta no Instagram, isso não significa exatamente que você seja cliente dele. Alguma vez você pagou pelo serviço prestado? Como pode ser um cliente se você nunca comprou nada dele? O

Instagram recebe dinheiro, pode ter certeza disso, mas não de seus usuários. Um cliente é aquele que compra bens e serviços de uma empresa.

Então, quem é um cliente do Instagram? As empresas. O que isso faz de você e de mim? Nós somos o produto que eles estão vendendo. Para ser mais exato, os nossos globos oculares e os pedacinhos da nossa alma. O Instagram oferece o aplicativo de graça, e, uma vez que estamos nele, nossa atenção é vendida para aqueles que querem nos expor coisas enquanto estamos lá. Estamos sendo usados.

O programa *60 Minutes* exibiu um especial chamado *Brain Hacking*[7] [Invasão da mente], sobre como a indústria do telefone celular gasta uma quantia enorme de dinheiro para explorar as propriedades viciantes de nossos dispositivos eletrônicos. As companhias de tecnologia contratam especialistas em cérebro para descobrir como nos apanhar, a fim de lançar aplicativos com mais frequência e nos fazer gastar mais tempo (e dinheiro) neles — em outras palavras, tornar o uso desses aplicativos um hábito. As "curtidas", os textos, as notificações e os *e-mails* disparam recompensas de dopamina em nosso cérebro, e sentimos o mesmo prazer que provém de jogar em caça-níqueis de um cassino em Las Vegas. Dar uma olhada em seu telefone ou *tablet* é equivalente a puxar a alavanca da máquina, porque sua mente está ansiosa para ver o que virá em seguida. Quando você fica sem tocar o dispositivo por um tempo, sua mente libera um hormônio do estresse chamado cortisol com a intenção de disparar outra dose de dopamina, e você teme que possa estar ficando de fora. Justin Resenstein, o homem que criou o botão "curtir" no Facebook, agora descreve as curtidas como "tinidos vívidos de pseudoprazer"[8].

Naquele episódio do programa *60 Minutes,* Anderson Cooper interrompeu o especialista a quem estava entrevistando para dizer que não conseguia focar a conversa porque tudo em que conseguia pensar era se tinha recebido uma mensagem de texto. Os pesquisadores o ligaram a eletrodos e colocaram seu fone fora do alcance da vista; o ponteiro pulou quando o telefone de Cooper vibrou e ele não podia atender. Você podia literalmente ver no *display* o FOMO (medo de ficar de fora) e a PSA (ansiedade causada pela separação do telefone) que emanavam de seu cérebro! É lamentável, mas verdadeiro: a resposta condicionada de atualizar compulsivamente nosso correio eletrônico, mensagens ou contas de redes sociais não satisfaz. Apenas aprofunda a dependência e deixa você como um alcoólatra ansiando por mais um *drink*.

Os especialistas admitiram tais práticas como reter as curtidas até o momento em que os algoritmos indiquem haver maior probabilidade de você gastar um bom período de tempo no dispositivo. É por isso que você não vai receber apenas uma curtida, mas um monte delas. É tudo para transformar sua mente em mingau.

E está funcionando.

Os robôs estão assumindo o controle, tudo bem; somente *nós* somos os robôs que pulam toda vez que o zunido soa e babamos toda vez que a campainha toca. Como que um dia você fará todas as coisas grandes que Deus o chamou para fazer sem abrir mão de tanto controle de si mesmo?

Recentemente li o livro de David McCullough *The american spirit: who we are and what we stand for* [O espírito americano: quem somos e o que defendemos], e esse livro me paralisou totalmente. McCullough é um historiador renomado, cujos livros mais vendidos sobre assuntos como Guerra da Independência Americana, presidente John Adams e os irmãos Wright são leituras incríveis. Contudo, *The american spirit* [O espírito americano] é uma coleção de discursos que ele fez em formaturas de faculdade e em ocasiões notáveis como o ducentésimo aniversário da Casa Branca.

Suas palavras me estremeceram quando ele falou do fato de que hoje muitas pessoas não leem. Entre os que têm diploma de curso superior, um terço não leu um único livro no ano passado. Espantoso! (Se você já chegou até aqui, provavelmente irá terminar, então, *uhu*!)

Uma parte que particularmente me fez parar e pensar foi sua descrição de Thomas Jefferson: "Ele lia em sete idiomas. Era advogado, pesquisador, meteorologista apaixonado, botânico, agrônomo, arqueólogo, paleontologista, etnólogo indígena, classista, arquiteto brilhante. A música, dizia ele, era a paixão de sua alma; a matemática, a paixão de sua mente"[9].

Você está brincando comigo? Sete línguas? Um meteorologista? Etnólogo indígena? Arquiteto? Porém, não preste atenção nisso, porque a música era sua paixão verdadeira, a paixão de sua alma, de qualquer modo. Em sua mente, ele era sempre um cara da matemática. Eu li o parágrafo em voz alta para Jennie e comentei: "É por isso que ele foi capaz de escrever a Declaração de Independência". Aliás, ele a escreveu quando tinha 33 anos.

Imagine-se sentando, todo o Congresso Continental monitorando você de perto, e George Washington esperando para cruzar o Potomac e escrever estas palavras: "Consideramos estas verdades como evidentes por si mesmas, que todos os homens são criados iguais, dotados pelo criador de certos direitos inalienáveis, que entre estes estão a vida, a liberdade e a procura da felicidade"[10]. Se você largasse seu telefone por alguns minutos, pegasse mais livros e escolhesse um *hobby* como paleontologia ou botânica, ou, caramba, por que não os dois e mais seis, talvez fosse capaz de criar algo que poderia mudar o mundo.

O mundo não precisa de outra Declaração de Independência, mas precisa desesperadamente ver a grandeza que Jesus deu a você, grandeza que está rompendo-se para vir para fora. Porém, você tem de vencer a guerra consigo mesmo antes de poder enxergar a luz do dia.

Os hábitos que você permite em sua vida hoje determinarão quem você se tornará amanhã.

O você futuro é uma versão exagerada do você atual. O tempo não muda nada; apenas aprofunda e revela quem você é. Se for gentil hoje, você será mais gentil amanhã. Se for cruel hoje, isso também será mais profundo. O bigode chinês e as rugas de fazer cara feia estão se formando em seu rosto neste exato momento. Idosos generosos são pessoas que, quando eram jovens, viveram uma vida de generosidade, e idosos mal-humorados foram jovens que nunca aprenderam a lidar com os próprios obstáculos.

Em um discurso de formatura, David McCullough falou a uma geração que é viciada na Internet e perdeu de vista os prazeres simples: "Em algum lugar, em algum momento na trajetória, memorize um poema. Em algum lugar, em algum momento da trajetória, vá para o campo e pinte um quadro, para o seu deleite. Em algum lugar, em algum momento da trajetória, plante uma árvore, compre uma boa garrafa de vinho de Nova York para seu pai, escreva uma carta para sua mãe."[11]

Sejam quais forem os novos hábitos que decidir ter, não deixe de tomar nota deles. Aqueles que escrevem seus objetivos no papel têm 42% de maiores probabilidades[12] de realizá-los e durante a vida ganham nove vezes mais do que as pessoas que não fazem isso[13].

Enquanto caminhamos para o próximo capítulo, no qual falarei mais sobre como capinar seu jardim de hábitos, saiba disto: parecerá realmente desconfortável descartar um comportamento que o acompanha por longo tempo. Seu desejo de conforto implorará para você voltar ao que costumava ser. Porém, você não deve relaxar quanto ao que escreveu no início do livro, quando escolheu declarar guerra. Estou implorando a você.

As pessoas que morrem de hipotermia muitas vezes são encontradas nuas. Em seus últimos momentos, elas estavam convencidas de que estavam quentes, por isso tiraram as roupas.

O que parece certo e o que é certo são duas coisas bem diferentes.

OS HÁBITOS QUE VOCÊ PERMITE EM SUA VIDA HOJE DETERMINARÃO QUEM VOCÊ SE TORNARÁ AMANHÃ

INICIE ANTES DE ESTAR PRONTO

*A maneira de começar é parar
de falar e começar a fazer.*[1]
— Walt Disney

Estamos dentro agora, eu e você. Eu o saúdo por ter chegado até aqui. Isso significa que a questão de melhorar a si mesmo é séria o bastante para você ter perseverado até o capítulo 9 em um livro chamado *Eu declaro guerra*, e você não caiu fora como um aspirante a SEAL* da Marinha, que toca o sino durante a Semana Infernal. Bravo! Há mais do livro em sua mão esquerda do que na direita, menos passando à sua frente do que ficou para trás. Se estiver ouvindo o *audiobook*, tenho menos palavras para dizer do que já disse.

Na primeira seção, nós abaixamos a primeira carta à medida que descobrimos a importância dos pensamentos que temos. Com a segunda carta, exploramos as palavras que falamos. Agora, com a terceira carta, estamos analisando as coisas

---

* [NE]: O United States Navy's SEAL Teams, possui sua sigla (Sea, Air, and Land) derivada de sua capacidade em operar no mar (SEa), no ar (Air) e em terra (Land). Os SEALs são treinados para operar em todos os ambientes (Mar, Ar e Terra) para os quais são nomeados.

que fazemos, nossas ações, as escolhas diárias que com o tempo se consolidam em hábitos. Espero que o capítulo anterior tenha aberto seus olhos para a seriedade desse assunto, porque nosso cérebro é ávido por enrijecer as escolhas diárias em nosso destino. Não há algo como decisão pequena.

Toda vez que você toma uma decisão, é como um dominó caindo, e todos sabem que um dominó derruba o que está à sua frente. Um físico chamado Hans van Leeuwen[2] descobriu que, cada vez que um dominó cai, ele gera uma força suficiente para derrubar outro com duas vezes o seu tamanho. Isso significa que nas decisões, como nos dominós, temos uma força fenomenalmente poderosa em nossas mãos. Uma escolha afeta outra, e os efeitos dessas escolhas acumulam e aumentam com o tempo. Isso se chama *crescimento exponencial*.

Eu deparei com uma lenda fascinante[3] sobre a invenção do xadrez no século 16 na Índia. Supostamente, o inventor que o trouxe ao rei para aprovação achou que o monarca a adorou. O rei achou essa guerra em miniatura uma batalha de sagacidades, desafiadora e enigmática, e se deleitou com ela. Ele disse ao inventor, um tanto pretensiosamente, que estava pronto para designar sua recompensa, na completa expectativa de que tal inventor pediria uma sacola com ouro, posses de terra ou talvez um título.

Em vez disso, esticando a mão, o homem alcançou uma tigela de comida sobre a mesa e pegou um punhado de grãos; com a outra, varreu as peças do tabuleiro de xadrez que os separava. Colocando um grão em uma casa em um dos cantos e então dois na segunda casa, ele disse: "Para minha recompensa, eu gostaria de receber grãos suficientes para cobrir esse tabuleiro, conforme este padrão. A terceira casa terá o dobro do que está na segunda, e assim sucessivamente, até que todas as casas sejam preenchidas".

O rei estava cético e, cheio de dó, pressionou para ver se o inventor não preferiria uma casa bonita ou um cavalo caro. Quando o homem indicou que tudo que queria eram os grãos, o rei lhe deu um tapinha nas costas e decretou que assim seria feito.

Quando o inventor partiu, o rei disse aos servos para encher o tabuleiro com comida e enviá-lo à casa do inventor. Porém, a partir do momento que se operou a matemática, o atendente, trêmulo, trouxe as anotações ao rei. Não havia dinheiro suficiente em todo o reino para financiar essa dívida, nem grãos suficientes em toda a Índia para executá-la. Na realidade, se toda a superfície da Terra fosse coberta com uma camada de grãos, teria de ter duas vezes o tamanho, a fim de equivaler à quantidade de grãos requerida. Como a soma ficou tão grande? Os grãos de arroz progrediam um espaço por vez, e logo foi xeque-mate.

Há outra ilustração que é ainda mais maluca: Se tentar dobrar uma simples folha de papel pela metade múltiplas vezes, você não será capaz de fazê-lo por mais de 7 ou 8 vezes[4]. Os *MythBusters* provaram que você pode chegar a 11 vezes, mas o papel deles tinha o tamanho de um campo de futebol americano,

NÃO HÁ ALGO COMO DECISÃO PEQUENA

e eles usaram uma empilhadeira e um rolo compressor para dobrá-lo dentro do Centro Espacial Kennedy; então, não tenho certeza se conta. O número de recorde mundial de dobradas está em 12, realizado por um adolescente que usou papel higiênico para o experimento.

Dobrar papel também mostra o poder da progressão, porque, todas as vezes que você dobra as páginas, a espessura dobra. No início, você tem uma página, mas depois de dobrar você tem duas; uma quarta dobrada faz 16 páginas, e assim vai, dobrando, dobrando e dobrando. Se você pudesse manter essa progressão, ao chegar à dobrada número 23, a pilha de páginas teria 1 quilômetro de altura.

Trinta dobradas? Elas alcançariam 100 quilômetros, que é o começo do espaço sideral.

Quarenta e duas dobradas? A lua.

Cinquenta e uma? Sua pilha de papel agora está *en fuego,* porque chegou no sol.

E, se de algum modo, você pudesse atingir 103 dobradas,[5] a pilha que começou como uma única folha de papel mediria 93 bilhões de anos-luz de ponta a ponta, estendendo-se pelas fronteiras do Universo conhecido.

Entender o fenômeno estonteante do crescimento exponencial pode mudar cada aspecto de sua vida. É a diferença entre juros de 17% sobre 97.700 dólares em dívida de cartão de crédito e juros de 17% sobre essa mesma quantia guardados em um plano 401k (16.609 dólares, em tinta preta ou em tinta vermelha). É a lacuna entre comer menos 100 calorias e mais 100 calorias do que você queima cada dia por um ano (uma diferença surpreendente de 9 quilos, que é muito impetuoso considerando-se que 100 calorias não são nem metade de uma barra de Snickers). E isso apenas em um único ano. Se executados durante um período mais longo, os resultados divergem ainda mais. No transcurso de uma década, você pode acabar intensamente em débito ou com 45 quilos de sobrepeso e lutando contra o diabetes. Ou você pode ser saudável, ter energia e desfrutar uma prosperidade financeira que o coloca na situação de ajudar outras pessoas. C. S. Lewis aprofundou essa ideia em seu clássico *Cristianismo puro e simples*:

> O bem e o mal crescem ambos a juros compostos. É por isso que as decisões simples que eu e você fazemos todo dia são de infinita importância. O menor ato bom hoje é a captura de um ponto estratégico a partir do qual, alguns meses mais tarde, você poderá obter vitórias que nunca sonhou. Uma indulgência aparentemente trivial na luxúria ou na ira hoje é a perda de um cume, de uma linha férrea ou de uma cabeça de ponte de onde o inimigo pode lançar um ataque que, de outra maneira, seria impossível.[6]

É essencial que você leve a sério as batalhas que está enfrentando. Pode parecer uma coisa pequena você entrar em brigas com seus pais, que o fazem ficar irado de

INICIE ANTES DE ESTAR PRONTO   117

repente, ou não poder controlar sua ira quando é provocado por sua irmã. Porém, se não puder manter seu temperamento sob controle, mais cedo ou mais tarde você estará em um relacionamento antagonista com seu chefe, em que se ira de repente, ou num casamento em que você não consegue controlar a ira. As apostas ficam maiores; os estímulos não. Do mesmo modo que entrava irado em seu quarto e batia a porta, agora você volta correndo para a casa de seus pais ou passa a noite no sofá do melhor amigo. Em vez de uma ordem para se recolher mais cedo ou ficar de castigo, agora você está desempregado ou em um divórcio complicado. A falta de autocontrole hoje prepara o cenário para um futuro onde suas emoções dominarão você. Não será mais fácil vencer a guerra interior quando você crescer por fora se jamais tiver crescido por dentro.

Não existe essa coisa de peça de xadrez sem importância. A rainha parece mais importante que os peões, mas o que você faz nos primeiros estágios do jogo é tão importante quanto o modo como lida com as peças mais desejadas, já que, quando entram no jogo, muitas são envolvidas. Quanto mais cedo você conseguir descobrir isso, mais estará em vantagem.

Paulo disse a Timóteo para não deixar outras pessoas desprezarem sua juventude, mas para se tornar padrão (1Tm 4.12). Podemos ser igualmente culpados de não levar nossa juventude a sério. Uma nota para meus leitores mais jovens: o que vocês estão fazendo agora conta. Vocês estão dando início a hábitos, enquanto estão no ensino médio e na faculdade, que os ferirão ou os ajudarão na caminhada, especialmente se decidirem se casar. Para voltar à metáfora do xadrez, a hora que o rei e a rainha, as peças casadas, entram no jogo, eles são ajudados ou são feridos pelo que as outras peças fizeram anteriormente. Pode ser que você esteja no estágio de vida do cavaleiro, bispo ou torre neste momento, mas essas peças importam tanto quanto importam o rei e a rainha.

Se comprar alguma coisa *on-line* toda vez que ficar estressado, se sentir chateado ou sozinho, você está apenas anestesiando os sentimentos com uma dose rápida de felicidade em vez de enfrentá-los. As caixas da Amazon empilharão em sua garagem, mas o problema real ainda estará lá, bem no fundo, e com o tempo apenas ficará pior, e não melhor. Você precisa aprender a sentir seus sentimentos, debruçar-se sobre eles, diagnosticá-los e então fazer o que é preciso para passar por eles. Distrair-se com atividade vã, gasto ou entretenimento quando estiver triste se tornará um padrão em que você fica entrincheirado e somente levará a um descontentamento elevado. Se, em vez disso, você puder aprender agora a se debruçar sobre o descontentamento que está tentando medicar ou do qual fugir, e tentar entender o que está impulsionando-o, você poderá buscar o Senhor para preencher o buraco em vez de buscar os badulaques e as ninharias deste mundo aos quais normalmente recorreria. Você descobrirá que a dor que ia silenciar com algo do iTunes ou algo feito de *cashmere* era, na realidade, a voz de

Jesus chamando você para ele. Estar agitado e insatisfeito é um presente, porque é nesses momentos que podemos potencialmente encontrar o que verdadeiramente precisamos nele. Silenciar esse desconforto com *fast-food* ou *delivery* rápido chamado pela Internet é mais punição do que recompensa.

Descobri que, quando estou me sentindo triste, geralmente é por causa de algo que tem muito pouco a ver com o modo pelo qual o problema se apresenta. Mau humor para com alguém no trabalho, com Jennie ou com as crianças é causado por algo mais profundo do que o que está acontecendo no momento. Nunca é explicado somente pelo modo como está manifestando-se. Quando tudo que consigo enxergar são as faltas de alguém, é porque projetar meu comportamento ruim funciona como armadura para me proteger de ter que lidar com o que realmente preciso enfrentar em meu coração.

De fato, no espaço de tempo que levou para escrever este capítulo, eu tive três situações diferentes que me foram frustrantes e irritantes. O que percebi foi que eu estava ansioso para terminar este livro no tempo certo, mas, em vez de lidar com isso, estava atacando e não oferecendo gentileza e amabilidade àqueles ao meu redor, que as merecem. Essa é a desvantagem de escrever um livro dizendo a você como enfrentar seus demônios: sou deixado sem escolha, senão a de enfrentar a mim mesmo.

Fazer a mesma coisa todo dia e não querer mudar os hábitos é mais fácil do que você pensa. Felizmente, isso é verdade para o bem, e não somente para o mal. As pessoas falam de fazer as coisas sem muito interesse como se isso fosse algo ruim, mas só é ruim se você estiver fazendo com o interesse *errado*. Escolher estar vulnerável e se abrir quando sente vontade de se fechar, começar com Deus quando você sente vontade de correr direto para a atividade do dia, ouvir quando sente vontade de falar, pensar quando sente vontade de agir, e tirar tempo para se colocar no lugar dos outros e ver a situação da perspectiva deles quando você já está certo de que conhece a história toda — esses hábitos também podem ficar trancados em sua memória muscular. Você pode receber juros compostos sobre o bem *e* o mal.

Um provérbio antigo diz que o melhor tempo para plantar uma árvore é vinte anos atrás, mas o segundo melhor tempo é agora mesmo. Teria sido excelente se seus pais tivessem ensinado você a como processar as emoções de uma maneira saudável. No mundo ideal, você jámais teria sido abusada sexualmente pelo amigo do seu irmão, e nunca teria carregado a vergonha e o trauma que a levaram a usar máscaras. Em um mundo perfeito, você não passaria quinze anos tendo ataque de nervos ao não conseguir as coisas do jeito que foram introduzidas na sua memória muscular. Quisera eu, com certeza, poder tomar de volta os milhares de vezes que soltei a boca sem pensar nas consequências, uma resposta que ficou presa em meus reflexos a uma dobra de papel de cada vez. Você não pode voltar e mudar o passado, mas o que pode fazer é plantar uma nova árvore de bom comportamento agora mesmo. Daqui a vinte anos, você se alegrará por ter feito isso.

A hora certa para fazer a coisa certa é agora mesmo. Cada segundo que você embroma é tempo que o crescimento exponencial poderia estar operando sua mágica lenta.

Se escolher adiar até amanhã o que deveria estar fazendo hoje, você perde a oportunidade de continuar, apesar dos começos humildes necessários por mais vinte e quatro preciosas horas. Não há momento a perder. Você entra e sai das coisas da mesma maneira: um passo de cada vez.

ACIONE O INTERRUPTOR

A parte mais difícil de qualquer jornada ou empreendimento não é surgir na linha de chegada; é dar as caras na linha de partida. O medo de começar é insuportável. A nave espacial usa mais combustível ao decolar do que em todo o restante do voo. A parte mais difícil é sair do chão.

Eu procrastinei para começar a escrever este livro. Por meses pensei e pensei em fazê-lo e ficava dizendo a mim mesmo que ia começar, mas o medo vinha devagarinho e eu me intimidava psicologicamente. Foi a mesma coisa com os livros *Through the eyes of a lion* e *Swipe right*. Porém, depois de remover o *band--aid* e começar a digitar, uma coisa incrível aconteceu: eu ganhei força. Creio que você terá a mesma experiência à medida que decidir jogar suas cartas na mesa e declarar a própria guerra.

O célebre treinador de futebol americano Vince Lombardi descreveu o que estou dizendo: "Um homem pode ser tão grande quanto quiser. Se você crer em si mesmo e tiver coragem, determinação, dedicação, impulso competitivo, e se estiver disposto a sacrificar as pequenas coisas da vida e pagar o preço pelas coisas que valem a pena, isso pode ser feito."[7] Ele também observou: "Uma vez que assumiu um compromisso com certa maneira de viver, o homem coloca a maior força do mundo atrás dele. É algo que chamamos de força do coração. A partir do momento que tiver assumido esse compromisso, nada o impedirá de obter sucesso."[8] Finalmente, ele graceja: "Quanto mais árduo você trabalha, mais difícil é desistir."[9]

De fato, é pura física. A menos que sob ação de uma força externa, os objetos em repouso permanecem em repouso, e os objetos em movimento permanecem em movimento. Pelo menos esta é minha lembrança da descoberta brilhante do sr. Isaac Newton, como ele a expressou na Primeira Lei do Movimento. A parte mais difícil é interromper a inércia. A partir do momento que colocar um novo hábito em movimento, você estará em uma situação boa, em que poderá ter sucesso. Não estou minimizando quanto é difícil vencer a inércia; estou apenas confortando-o,

VOCÊ ENTRA E SAI DAS COISAS DA MESMA MANEIRA UM PASSO DE CADA VEZ

pois, conforme Teddy Roosevelt descobriu, há um prêmio esperando por você do outro lado da cerca de arame farpado. O lobo se levantará.

Você não deve repensar a decisão ou se persuadirá a não fazer o que precisa ser feito. O excesso de análise leva à paralisia. Eu acabei ficando tão cheio de esperar eu mesmo me sentir pronto para começar a escrever que simplesmente tomei a decisão de fazê-lo. Bernard Roth descreve isso como acionar um interruptor interno:

> Toda vez que alguém faz uma mudança importante é porque um interruptor foi acionado. Alguém que lutou a vida toda com seu peso finalmente decide ficar em forma. Alguém que suportou um chefe abusivo por anos finalmente dá um basta e se demite. Alguém que tem nutrido uma paixão secreta finalmente cria coragem e convida a pessoa amada para tomar um café. Ocorreu uma mudança que tornou a ação mais atrativa que a inação.[10]

Pensando em um zigue-zague, quando você tiver escolhido *ziguear* vezes o bastante onde normalmente teria *zagueado*, seu novo padrão será o *zigue*. Objetos em movimento tendem a permanecer em movimento. Como indicou o brilhante pesquisador Charles Duhigg, os hábitos que já temos arraigados não podem ser apagados, mas podem ser reescritos. Uma vez criado, o arquivo sempre estará lá, mas o que acontece quando ele é disparado pode ser modificado. Ele explica que um hábito é essencialmente um laço ou *loop* composto de um *sinal,* uma *rotina* e uma *recompensa.* Em seu livro *The power of habit* [O poder do hábito], ele argumentou: "Se puder quebrar um hábito em componentes, você poderá brincar com as engrenagens [...] Quase todo comportamento pode ser transformado se o sinal e a recompensa permanecerem os mesmos."[11]

A única diferença entre o nó de força e o laço é em qual ponta da corda você está. Quando desliga a *rotina* — a parte central do *loop* do hábito — em seus hábitos ruins, você pode mudar sua vida transformando o que está fazendo mal em uma arma que pode ajudá-lo a destruir seu *alter ego* e levá-lo para mais perto de se tornar quem você quer ser.

Não serão fáceis as primeiras poucas vezes, talvez até as primeiras mil vezes, que você responder ao antigo sinal de uma maneira nova. Transparência total pode parecer insuportável. Porém, faça isso por tempo suficiente e ficará somente um pouco desconfortável. No final, você se sentirá interrompível. Quando se comprometer com o processo, você se sentirá como Davi, ao dizer: *Com o teu auxílio posso atacar uma tropa; com o meu Deus posso transpor muralhas* (Sl 18.29, *NVI*).

A jornada de um milhão de quilômetros tem de começar em algum lugar, e esse algum lugar é onde você coloca a sola dos seus pés pela primeira vez e crê que a providência cuidará de você.

O JOGO ANTES DO JOGO

*Todos os homens são criados iguais.
Alguns somente trabalham mais
duro na pré-temporada.*
— COMERCIAL DA REEBOK
ESTRELANDO EMMITT SMITH

De todas as muitas decisões boas e repetidas para as quais você precisa arrumar espaço em sua vida (dar o dízimo, usar o fio dental, permanecer fisicamente em forma, comer bem, gastar menos do que ganha etc.), o que eu vou lhe falar neste capítulo tem sido o maior mudador de jogo para mim: o conceito de preparação intensa, a fim de poder desfrutar sem esforço a competição real. Vou lhe dar umas ferramentas supersimples para que você possa se mostrar para a vida com o melhor de si. Essas mesmas coisas que o ajudarão a avançar para situações mais arriscadas podem ser usadas para segurar você quando estiver escorregando. Porém, uma história primeiro.

Em um dos maiores compromissos de fazer um discurso na minha vida, eu fiz xixi nas calças momentos antes de subir ao púlpito. Sim, momento de orgulho, claro.

Eu sabia que tinha de estar pronto em cinco minutos. Com tudo o que estava passando em minha cabeça, eu não percebi, até ser tarde demais, que não ficaria realmente confortável durante a mensagem se não fosse ao banheiro. Era arriscado, mas decidi dar uma corrida. Desliguei o transmissor portátil do microfone enquanto me dirigia ao gabinete que havia sido preparado para mim a uns 45 metros de distância. A última coisa que eu precisava era que o microfone ligasse e milhares de pessoas me ouvissem indo ao banheiro.

Entre tentar repassar a mensagem em minha cabeça, competir com o tique-taque do relógio dizendo que eu tinha de estar no centro do palco quando a música acabasse e minhas tentativas de administrar a logística do processo, tudo deu errado. O peso do transmissor portátil do microfone puxou a metade do meu cinto para trás. Quando fui segurar para evitar que caísse ao chão e puxasse o fio do microfone que estava enrolando-se em minha camisa, perdi o controle da situação. Agora, 9.999 entre 10.000 vezes, fazer xixi é um negócio simples e fácil, portanto essa foi uma anomalia digna de nota em minha vida.

(Para registro, quero admitir que as mulheres têm mil vezes mais complicações que os homens quando o assunto é dinâmica de banheiro, desde as filas para entrar até o fato de que ficar em pé sobre o vaso simplesmente não é uma opção. E eu não tenho ideia de como se faria com uma peça íntima inteiriça, um macaquinho. Meu mais profundo respeito a todas vocês que têm de sentar, especialmente quando se trata dos locais mais fétidos. Essa solidariedade não é um discurso vazio, de jeito nenhum. Como um pai de quatro garotas, tenho segurado corpinhos contorcendo-se a 15 centímetros de altura dos vasos sanitários, de Louisiana a Londres, mesmo depois de colocar proteções de assento ou treze camadas de papel higiênico, a fim de evitar o contato com as superfícies nojentas.)

De qualquer maneira, a situação foi um desastre. Quando a poeira baixou, eu havia segurado o transmissor portátil do microfone, mas consegui molhar minhas calças. É preciso ser um tipo especial de pessoa para fazer xixi nas calças enquanto vai ao banheiro. O que posso dizer? Eu tenho um dom.

Felizmente, eu estava usando calças escuras, e não se podia exatamente perceber que estavam molhadas. (*Continue dizendo isso para você mesmo, amigo.*) Tentei deploravelmente lavar o xixi e depois usei vários jatos de Purell para desinfetar tudo. Após algumas batidinhas leves com a toalha de papel, meu tempo estava esgotado. Corri rapidamente de volta ao púlpito e peguei minha Bíblia. Naquele momento, a música acabou e eu tive de assumir o palco.

As pessoas me perguntam: "Como você se mantém humilde viajando por todo lugar e falando a milhares de pessoas?" Eu sempre penso nesse momento particular quando me fazem essa pergunta, porque aquele dia o público viu apenas o que acontecia sob os holofotes. Eu tenho uma senha de entrada para os bastidores da minha vida e sei que o cara sob aquelas luzes brilhantes estava usando calças molhadas.

Fiquei aliviado (trocadilho proposital) em descobrir que não sou o único que teve um grande dia depreciado por uma bexiga cheia. Em 5 de maio de 1961,

Alan Shepard pilotou o primeiro voo espacial americano tripulado da história. Como o primeiro astronauta da Mercury 7 escolhido para seguir nas pegadas dos chimpanzés lançados pela Nasa, ele se tornou instantaneamente uma das pessoas mais famosas da nação, e foi celebrado por todo o país como foi Davi quando se levantou contra Golias como um singular guerreiro. Contudo, no meio de seu grande dia, ele vivenciou um evento incerimonioso ligado a banheiro. O voo deveria durar apenas dezesseis minutos, por isso ninguém pensou em colocar um receptor de urina no traje de voo. Depois de ser preso na cápsula minúscula, houve atrasos por causa do clima e de um inversor de sobrecalor; então, ele ficou inerte, de costas, olhando para o céu por quatro horas, sem jeito de fazer qualquer coisa em relação à crise crescente que se formava em sua bexiga.

Hoje em dia, os lançamentos de foguetes não chegam nem a virar notícia. *Ah, fizeram isso de novo? Bocejo. Envie-me um tuíte quando Matt Damon pousar em Marte.* Porém, naquele dia, de costa a costa na TV ao vivo a cobertura ininterrupta de notícias mostrou o foguete Redstone pousando na plataforma de lançamento enquanto telespectadores com olhares cintilantes assistiam fascinados. Metade dos jornais nos Estados Unidos tinha repórteres em suas casas, cortando a grama e virando o pescoço para dar uma olhadinha na família que, dentro de casa, assistia ao lançamento na TV. Os patrulheiros nas estradas relatavam que motoristas por todo o país foram para o acostamento das rodovias e avenidas porque ficaram tão nervosos ao ouvir a cobertura ao vivo na rádio AM que não podiam dirigir. O país estava tremendamente nervoso enquanto indagava coletivamente: *O que está se passando na mente desse homem sentado ali com o bumbum pendurado fora da beirada, em uma cápsula da altura de oito andares no topo de um foguete de 30.000 quilos, esperando para ser lançado aos céus?* Verdade seja dita, tudo em que ele estava pensando era quanto precisava fazer xixi.

Ele segurou quanto pôde sem falar de seu dilema ao Controle da Missão, por medo de que o lançamento pudesse ser cancelado. Sua missão já tinha sido postergada por causa do clima, e ele recusou ser o astronauta que não voou por causa de uma emergência "penico"!

Quando finalmente deu a notícia à torre e pediu permissão para se aliviar no próprio traje, a nata da Nasa ponderou o assunto por um tempo. A maior preocupação era que a introdução repentina de líquido pudesse causar o mau funcionamento dos sistemas de monitoramento do traje e seu sistema de resfriamento.

O livro *The right stuf* [A coisa certa] descreve o momento em que ele finalmente recebe a permissão:

> Finalmente disseram para ele ir em frente e "fazer xixi no traje". E ele fez. Visto que seu banco ou assento estava levemente curvado para trás, o líquido foi para o lado norte, em direção à sua cabeça, trazendo junto a consternação. O líquido

acionou o termômetro do traje, e o fluxo de *Freon* pulou de 30 para 45. O líquido subiu até chegar ao sensor do peito, que estava sendo usado para registrar seu eletrocardiograma. O sensor foi paralisado parcialmente, e os médicos ficaram confusos [...]. A onda continuou rolando [...] e acabou encharcando o vale em direção ao meio das costas de *Shepard*.[1]

Quando Shepard, o agora "memorável", chegou de volta à Terra, foi recepcionado pelo presidente e a primeira-dama. Desfrutou de um desfile com chuva de confete na cidade de Nova York e também de *drinks* de graça em bares por todos os lugares em que passou por anos a fio. Centenas de repórteres lhe perguntaram sobre a experiência, e toda vez ele sorria e falava da grande nova era da viagem espacial e da honra de cumprir seu dever para com um país totalmente focado na corrida espacial. Tenho certeza de que parte dele ria por dentro pensando no fato por trás dos bastidores de que, enquanto voava pelos céus movido por milhares de quilos de oxigênio líquido explosivo, o fez encharcado na própria urina.

Você pode ver por que é um erro se precipitar a julgar uma situação com base em informações limitadas. As pessoas pressupõem muitas vezes que alguém que ganha a vida apresentando-se deve estar travando uma batalha com o ego, quando na realidade ela pode estar travando uma luta muito diferente, da qual você não sabe nada. Não estou dizendo que a pergunta "Como você se mantém humilde?" não seja importante; o orgulho é sinistro e mortal. O pecado é a primeira coisa pela qual Satanás foi afetado (Is 14.12-17) e imediatamente foi responsável por todo pecado subsequente. Se algo dividiu o céu e deu início ao inferno, acho que merece um medo saudável. Contudo, a questão pressupõe que a reação automática a qualquer tipo de atenção pública serão pensamentos de autoexaltação.

Descobri que o oposto exato é verdadeiro. O primeiro pensamento a cruzar minha mente quando Deus faz algo grande por meio da minha vida é: *Quem sou eu para que me use?* Eu me conheço. A maior parte da minha vida não se passa no púlpito. Mesmo que fizesse um discurso público todo dia, o qual mesmo nas épocas mais agitadas eu não pensaria em agendar, ainda teria 23 horas todo dia em que não falaria ao microfone.

Não importa o que Deus faça a qualquer um de nós, o volume real de nossa vida é composto de oportunidades não empolgantes, não sensuais nem espetaculares de manter nossos olhos em Jesus (ou não), de abolir pensamentos ansiosos e preocupações (ou não), e de demonstrar perseverança e paixão (ou não) nas trincheiras do cotidiano. É sobre isso que quero falar com você neste capítulo, e não o que acontece no tribunal ou no campo do estádio, onde as câmeras estão gravando e as multidões estão torcendo, mas o que você experimenta no caminho até o estádio, o que acontece na sua mente no vestiário e como você se sente às 4

O VOLUME REAL DE NOSSA VIDA É COMPOSTO DE OPORTUNIDADES NÃO EMPOLGANTES, NÃO SENSUAIS NEM ESPETACULARES

★

DE MANTER NOSSOS OLHOS EM JESUS

da manhã, quando o alarme desperta e, mais do que tudo na vida, você *não* quer se levantar e treinar. Eu quero falar do jogo antes do jogo.

Se olhar para alguém excedendo-se em seu ofício e fazendo algo impossível, seja um esqueitista famoso, seja um *rapper* improvisador, seja um escultor em gelo, e você assistir a eles atuando por cinco minutos, lembre-se de que provavelmente você esteja olhando para alguns milhares de horas de trabalho para cada um daqueles minutos deslumbrantes aos olhos. O trabalho que realizam antecipadamente lhes dá sucesso quando as câmeras estão gravando e os ursinhos de pelúcia estão sendo lançados ao gelo.

Vinte anos atrás, eu me voluntariei a organizar as cadeiras para que outra pessoa pudesse pregar os sermões. Quinze anos atrás, eu estava dedicando a mesma e exata quantidade de trabalho que dedico agora para criar mensagens para falar a um grupo de alunos do ensino médio. Lembro-me de quando a *Fresh Life* tinha apenas algumas dúzias de pessoas sentadas nas fileiras, mas eu agonizava sobre meus sermões, dedicando horas de manhã bem cedo e tarde da noite para me certificar de que estavam perfeitos. O número de pessoas que ouvem o que eu tenho para falar pode ter mudado, mas o que estou dizendo e por que o estou dizendo, isso não mudou.

Enquanto limpávamos um armário em nossa casa, Jennie e eu deparamos com uma coleção de notas de meus antigos sermões, de quando comecei a pregar. Cada uma tinha milhares de palavras, primeiro escritas à mão e depois digitadas e modificadas a caneta nos poucos minutos finais. No início, na verdade, eu andava de um lado para o outro, gravava a mensagem em um gravadorzinho portátil e tocava para que pudesse ouvir como ficaria. Se não gostasse, eu começava tudo de novo. Hoje em dia, não gravo meus sermões com antecedência, mas o processo de preparação ainda tem múltiplas etapas, inclusive escrever a mensagem à mão a partir das notas digitadas, de modo que eu possa memorizar o que vou dizer.

Olhando para esses materiais antigos, fui transportado a dezesseis anos atrás, aos dias em que ficava fisicamente doente antes de assumir o púlpito. Eu me identifico com Eminem vomitando no banheiro da boate antes de sua primeira batalha de *hip-hop* no filme *8 Mile — Rua das ilusões*. Não foi por causa do espaguete da minha mãe (jamais pude pregar com algo pesado e gorduroso assim em meu estômago), mas durante um ano ou algo assim eu quase sempre acabava tendo ânsia de vômito antes de falar.

Naqueles dias eu era torturado com todo o processo de engrenar a falar. Eu me sentia abalado, com sensação de desmaio e totalmente horrorizado com a ideia de me dar um branco quando tentasse me lembrar dos pontos-chave da minha mensagem. Às vezes, a ansiedade se instala com 24 horas de antecedência, principalmente antes de um compromisso importante em que vou falar. Certa vez, fui chamado a falar em um *show* num parque de diversões onde haveria uma plateia de umas mil pessoas. Estava tão horrorizado pela pressão que na noite anterior ao evento acordei de hora em hora com suores noturnos, e isso durou a noite toda.

Geralmente eu me sentia melhor depois de vomitar. Nem sempre eu tinha um espaço privado para me preparar naquela época, de modo que recorria ao que podia achar. Um beco atrás do prédio, um banheiro público, um *closet*, o que estivesse disponível. Porém, sempre me sentia bem no momento em que assumia o púlpito. Todas as interferências se dissipavam, e me sentia como um pato na água, fazendo o que nasci para fazer. Era apenas a agonia de chegar lá.

O lance é o seguinte: a ponte entre toda essa prática e o desempenho é a rotina pré-jogo. Se não for familiarizado com esportes, você deve pensar nos vestiários como aqueles lugares fedidos, onde aqueles que praticam esportes se trocam. Não exatamente. O vestiário é um lugar sagrado, onde um guerreiro veste a expressão facial de determinação. O mesmo é verdadeiro em quase todo empenho. Você tem de vencer a guerra interior antes de poder vencer a guerra exterior.

CULTIVE SUA DETERMINAÇÃO

Fizeram-se estudos sobre qual tipo de pessoa chega até o fim no treinamento do SEAL da Marinha e a Semana Infernal. Não são necessariamente os melhores atletas que se saem bem; são os que têm "determinação". Na linguagem SEAL, *determinação* significa dureza. Os limites físicos são determinados, de fato, pelos limites mentais.

Nada tem me ajudado a fazer melhor o que faço do que aprender a desenvolver minha determinação propositadamente — a dureza mental de espírito, que vem de cruzar a cerca de arame farpado vezes após vezes —, de modo que posso me mover em direção à melhor versão de mim mesmo no púlpito, em minha casa e no escritório. Olhando para a versão de mim mesmo há vinte anos vomitando no beco atrás do parque de diversões, vejo que eu estava fazendo muitas coisas que eram contraproducentes. Na verdade, eu estava intensificando as interferências, colocando fogo no meu medo e tornando-me *mais* susceptível aos meus nervos em vez de abraçar os sentimentos poderosos e colocar uma sela sobre a energia para poder montar nela. Sentir frio na barriga, como borboletas no estômago, não é o fim do mundo; você só precisa organizar as borboletas para que voem na direção correta!

Aqui vão algumas dicas para desenvolver sua determinação e se preparar para o que está por vir. Estes princípios não ajudam apenas com a questão de falar em público; eles o ajudarão em uma entrevista de trabalho, jogo de futebol, recital de piano, discurso de vendas ou qualquer outra ocasião em que você se sentir ansioso.

1. RESPIRE PROFUNDAMENTE

Você sabia que 20% de todo o oxigênio que você respira vai direto para o cérebro? A prioridade de seu corpo é mantê-lo vivo, e sempre irá destinar e desviar o volume de oxigênio para as funções essenciais de salvar a vida. As análises e o processamento emocional sempre cederão espaço às outras coisas. Logo, se estiver respirando superficialmente, o resultado é a perda de memória, perda de foco e perda de poder para vencer seus ânimos. Também traz uma sensação elevada de ansiedade e depressão. Respirações superficiais são terríveis para você.

É claro que, quanto mais nervoso fica, mais você é tentado a inspirar superficialmente, mas é aí que você precisa respirar mais do que nunca.

Usar a mente corretamente se torna cada vez mais desafiador, já que seu coração bate mais rápido. Em seu livro *10-Minute toughness: the mental training program for the winning before the game begins* [Dez minutos de dureza: o programa de treinamento mental para a vitória antes de o jogo começar], Jason Selk explica que, quando seu coração estiver com cerca de 120 batidas por minuto, você não terá nem de perto a mesma inteligência; com cerca de 150 Bpm, sua mente basicamente desliga.[2] Conforme a pressão sobe, você fica mais tentado a respirar mais rápido e mais superficialmente, mas é aí que você precisa de oxigênio como jamais precisou. Às vezes, quando memorizo alguma coisa, fico repetindo enquanto faço polichinelos ou elevo os joelhos, a fim de ver se ainda consigo falar mesmo com a taxa cardíaca elevada.

Tenho praticado a respiração profunda por alguns anos agora, porque, inevitavelmente, o que acontece é: o organizador do programa dirá: "Ei, você tinha 45 minutos, mas alguém se estendeu; então, agora você tem 25". E eu fico pensando: *Qual metade da mensagem eu darei?*

E o organizador continua: "E certifique-se de dizer tal coisa no final... e seja lá o que for que fizer, não diga tal coisa..." E você fala: *Ai ai.*

Então, vou pegar um texto, ali na hora, talvez algo sobre alguém de nossa equipe. "Tal pessoa se demitiu" ou "Estamos todos sendo processados" ou "O telhado do prédio está com vazamento e custará 30 mil dólares para arrumar" ou "O orçamento da construção estava errado e o cronograma está atrasado".

E, em meio a isso tudo, devo me levantar e falar?

Posso sentir que estou ficando nervoso e que minha pulsação está aumentando. Muitas vezes, eu até vou segurar a respiração. Por isso, embora seja contraintuitivo, imediatamente eu dou uma inspirada grande, profunda e ultradevagar. Quanto menos sinto vontade de fazer isso, mais sei que preciso. Ouvi números diferentes, mas quinze segundos é um bom número para se almejar, com a fórmula 6-2-7: inspirar por seis segundos, segurar o fôlego por dois segundos e depois expirar por sete segundos. Se a respiração não fizer o estômago aumentar de volume, então você não está indo fundo o bastante.

Meu treinador de boxe me faz fazer a mesma coisa quando estamos trabalhando o condicionamento. Depois de um minuto fazendo *burpees* ou trinta segundos esmurrando o saco de boxe o mais rápido e quantas vezes puder, meu coração está disparando a ponto de eu sentir que vou morrer. Meu treinador sempre me lembra de respirar profunda e lentamente, porque meu instinto é combinar as respirações com as batidas cardíacas. Contudo, são aquelas respiradas profundas e lentas que preciso, apesar da sensação que dão.

Quando me pego surtando momentos antes de subir ao púlpito e respiro profundamente, posso sentir que estou acalmando mesmo. Eu imagino todo o oxigênio inundando meu cérebro e este voltando cada vez mais à vida.

Respirar profundamente também é uma boa coisa a fazer quando você se vê irado em uma reunião ou avançando para uma discussão com seu cônjuge. Você não pode dizer algo de que vai se arrepender mais tarde enquanto estiver respirando profundamente.

2. PENSE EM SUA POSTURA

Se não assistiu ao *TED talk* de Amy Cuddy intitulado *Sua linguagem corporal pode moldar quem você* é, você deveria dar uma olhada. É um dos *TED talks* mais assistidos de todos os tempos, e viralizou tanto que o conteúdo se tornou um livro *best-seller* do *New York Times*.[3] Você provavelmente sabe que muito do que comunica às pessoas quando fala vem de maneira não verbal. Porém, Cuddy mostra de modo convincente o impacto que a linguagem corporal tem sobre você. A energia nervosa geralmente faz você se curvar, contrair o queixo, colocar as mãos no pescoço ou cruzar os braços, mas isso se desdobra em mais nervosismo por causa da liberação de cortisol (estresse) em seu organismo.

Contudo, colocar as mãos nos quadris, como a Mulher Maravilha, ou para cima, é o sinal universal de vitória e comemoração. (Imagine alguém que acabou de fazer um *touchdown* ou se saiu bem em um teste.) Quando faz isso, seu corpo libera testosterona e seus níveis de cortisol caem para 25%. Isso pode acontecer num tempo tão curto quanto 120 segundos.

Fiquei completamente chocado ao assistir pela primeira vez esse vídeo, mas a primeira coisa em que pensei foi no livro de Salmos. Ele está repleto de ordens para louvar a Deus com as mãos levantadas e a cabeça erguida. Você não consegue achar um salmo que diga para você se encolher todo e cantar para Deus humildemente com suas mãos no bolso. Tem tudo a ver com gritar com voz de triunfo. Seria o caso de parte do motivo de Deus querer que você grite e cante triunfantemente, com seus braços ao ar, não ser apenas por causa do que você está declarando sobre ele, mas em razão do que acontece com você quando obedece? Ele lhe dá sentimentos para combinar com o que está vindo de seus lábios e demonstrado

132 EU DECLARO GUERRA

por seu corpo. Também não é nenhum engano que a canção média dura cerca de três a cinco minutos; então, cantar com as mãos levantadas o colocará nessa posição por muito mais do que os dois minutos necessários.

Essa é uma das muitas razões por que você não me achará nos bastidores durante o louvor, antes de eu pregar, como eu ficava no início. Eu preciso do tempo de adoração com música mais do que preciso de alguns minutos a mais repassando o sermão. Você não pode ser um lobo se não levantar sua voz e uivar. E, benefícios espirituais à parte, é uma oportunidade natural de mudar da postura tímida da preparação nervosa para uma postura dominante de vitória e força.

3. §uas EXPRESSÕES FACIAIS CONTAM

Como está sua face neste exato momento em que está lendo? Sua sobrancelha está franzida pela concentração? Quando Jennie me vê afundado em pensamentos ao ler *e-mails* que ela percebe que me irritam, ela sempre remove os vincos que se formam entre meus olhos, logo acima do nariz. Ela aplaina a prega com seu polegar e sorri para mim como se dissesse: *Relaxe, amigo*. Ela está dando um bom conselho — em termos tanto do tipo de resposta que você emite como o que receberá como resposta.

Os pesquisadores descobriram que as pessoas respondem na mesma moeda das expressões faciais que veem no outro.[4] Um sorriso é recebido com sorriso, e um franzir de sobrancelhas, com franzir de sobrancelhas. Essa cópia de gestos acontece subconscientemente. Refletimos instintivamente o que vemos. Se quiser que as pessoas à sua volta se alegrem, há algo que você pode fazer a respeito. Ver alguém exibir expressões faciais de medo, ira, tristeza ou desgosto causa um aumento da taxa de batimento cardíaco, temperatura elevada da pele e suor.[5] Sua face pode certamente ter um impacto nas pessoas ao seu redor, para melhor ou para pior.

Sua face também afeta o humor. Abrir um sorriso largo a ponto de as bochechas subirem faz a mente sentir a emoção que você tem no rosto.

Em um estudo na França, os pesquisadores colocaram dois grupos de pessoas para ler tirinhas de jornais.[6] Um grupo leu bem normalmente, e o outros foi solicitado a ler as mesmas tirinhas segurando um lápis cerrado entre os dentes. Segurar o lápis assim ativa os mesmos músculos da bochecha que são usados para mostrar um sorriso largo. Ao serem entrevistados mais tarde, aqueles que leram as tirinhas enquanto sorriam acharam os desenhos muito mais divertidos e se divertiram mais lendo do que aqueles sem o lápis na boca.

Seu corpo não sabe por que você está sorrindo ou se comportando como um pugilista disposto a lutar doze *rounds*; ele apenas sente que você está sorrindo e responde de acordo. Você pode se sentir engraçado escondendo-se em um banheiro antes de uma reunião importante, a fim de poder erguer as mãos bem alto por alguns minutos enquanto faz uma oração e relembra o que vai dizer. Porém, é muito melhor do que se sentar em sua cadeira apertando as mãos. Quando o estresse se desfizer e virar confiança, você ficará feliz por ter feito assim.

Eu ouço suas objeções: *Eu não posso mostrar esse tipo de zelo se não for como me sinto, porque isso não seria verdadeiro.* Deixe-me avisá-lo de que esse tipo de pensamento é a razão de muitos casamentos se desfazerem e a razão de muitas pessoas jamais experimentarem as conquistas que Deus tem para elas. As pessoas que fazem as coisas certas somente quando as sentem nunca entram na vida vitoriosa. Adoração não é um sentimento manifestado por ações; é um ato de obediência que, uma vez manifestado, quase sempre leva a sentimentos. Trocando em miúdos, você obedece porque está certo. E, na graça de Deus, as emoções muitas vezes seguem o mesmo curso.

Eu jamais falarei sem passar por um ritual importante. Ajoelho-me em oração e reconheço minhas fraquezas para que possa entrar na força de Cristo. Você não pode se levantar como um leão se primeiro não se ajoelhar como um cordeiro. Também há muitas orações específicas que faço e palavras que falo sobre mim mesmo.

Nos últimos momentos antes de assumir o púlpito, eu sempre digo o seguinte:
Sou um filho do Rei.
Tenho o espírito que levantou Cristo dos mortos.
Posso fazer todas as coisas em Cristo que me dá força.
Sou tão ousado como um leão.

Forçar essas palavras a saírem da minha boca, quer eu as sinta no momento quer não, me faz adentrar no que é verdadeiro acerca de mim. Coloca-me no estado de espírito em que não estou tentando impressionar as pessoas, mas sou enviado por Deus para abençoá-las, uma mentalidade de que estou buscando dar um presente, e não receber. Isso me impede de buscar validação ao lembrar-me de que já tenho valor. Você não precisa ganhar o que já tem. Acessar minha identidade me dá força para a atividade do dia.

Se toda essa preparação parece exagero, perceba que o benefício de elevar propositadamente a intensidade antes de o jogo começar significa pressão diminuída quando ele começar. Lembra-se do Alan Shepard? Uma coisa fascinante que ele disse sobre o voo inaugural foi quanto foi anticlimático. Todos tinham trabalhado tão duro para prepará-lo para os rigores do lançamento, pois ele completou 120 voos de teste. Inintencionalmente, eles o tinham preparado *em exagero.*

Ele ficou esperando que a coisa viesse a ser emocionante, mas foi decepcionante, comparado ao que tinha feito na preparação. Os engenheiros tinham colocado mais força geradora de capacidade na centrífuga em que ele treinou do que a que o foguete realmente gerou. Os autofalantes que colocaram perto da cabeça

VOCÊ NÃO PODE SE
LEVANTAR
—— COMO UM ——
LEÃO
SE PRIMEIRO
NÃO SE
AJOELHAR
—— COMO UM ——
CORDEIRO

dele com gravações dos motores do foguete eram muito mais altos do que ele experimentou ao ficar preso em uma cápsula vedada que abafava os sons externos. Ele disse que a ventoinha era um dos ruídos mais altos que ele ouvia.

Somos tentados a não colocar entusiasmo enquanto estamos simplesmente praticando e a focar de fato quando é hora do jogo: *Trabalharei duro para preparar a mensagem quando o estudo bíblico não for apenas para um pequeno grupo de jovens. Memorizarei as músicas em vez de ler no porta-partitura quando eu liderar o louvor em uma igreja maior. Serei mais ágil quando for promovido e tiver maior responsabilidade. Escreverei se tiver e quando tiver um acordo para um livro.*

O que Shepard descobriu foi que, quanto mais estresse for aplicado ao seu treinamento, menos você se estressará quando for hora de brilhar. A vitória em público vem da disciplina no privado. Se você não estiver trabalhando excepcionalmente duro para resolver as coisas onde está, Deus não aumentará o volume em sua vida. Ele não exportará para palanques maiores o que não está funcionando domesticamente.

Quando leu este capítulo, minha editora me falou de Tessa Virtue e Scott Moir, dois campeões olímpicos em patinação artística que sempre se abraçam antes da apresentação para que possam igualar a respiração e os batimentos cardíacos e construir a conexão um com o outro. Isso é lindo. E é por essa mesma razão que você não deve simplesmente correr para a aula ou para o trabalho sem passar alguns momentos falando com Deus e ouvindo-o. Aquele "abraço" permite que você equipare seu coração com o dele.

Não importa o que venha pela frente hoje, seja para um estádio cheio de pessoas que você esteja se apresentando, seja um lançamento de foguete levando-o para Marte, seja uma classe em que você esteja falando para os alunos, seja uma criança pequena da qual você esteja cuidando, isto é muito verdadeiro: Você não está pronto para encarar o jogo até vestir a expressão facial de determinação.

Jamais traga um cavalo para uma guerra de tanques de guerra

Mas recebereis poder, ao descer sobre vós o Espírito Santo, e sereis minhas testemunhas tanto em Jerusalém como em toda a Judeia e Samaria e até aos confins da terra.[1]
— Jesus

Eu apoio tudo que dei a você nas três cartas que colocamos sobre a mesa. Porém, sem a última carta, tudo que fiz foi colocá-lo sobre um cavalo selado e enviá-lo sozinho para lutar contra um tanque. Isso não é vencer a guerra; é cometer suicídio.

Pensamento positivo é importante; também o é observar como você fala e se preocupar com seus hábitos. Porém, se isso for tudo que levar consigo, este livro representa simplesmente autoajuda. Há algo muito melhor do que autoajuda, a ajuda de Deus. Sem ela, todas as estratégias de autogestão e as dicas para aumentar a inteligência emocional o deixarão impotente quando se tratar de mudança verdadeira e duradoura.

Como eu disse, sair montado num cavalo para lutar contra um tanque parece uma ideia realmente ruim. Contudo, na história incrível, mas verdadeira, descrita no filme *12 heróis*, foi exatamente isso que aconteceu. Esse filme retrata os dias que sucederam o Onze de Setembro, quando a Al-Qaeda instalou-se nas montanhas do Afeganistão. Um contingente de soldados inacreditavelmente corajosos, liderados pelo personagem interpretado por Chris Hemsworth, aceitou unir forças com um chefe de guerra local que prometeu colocá-los a uma distância impressionante dos terroristas. O único problema era que eles não sabiam ao certo se podiam confiar no chefe de guerra; um preço fora oferecido por suas cabeças a partir do momento em que colocaram os pés no país, e a relação de fidelidade mudava todo dia. Ah, e eles tinham de viajar a cavalo, já que não havia meio de chegar de fininho até a Al-Qaeda usando veículos tradicionais nos desfiladeiros das montanhas.

A cena que mais faz cair o queixo acontece quando os soldados entram correndo no campo de batalha para enfrentar *pick-ups* equipadas com metralhadoras e até mesmo tanques de guerra de última geração. Os americanos tinham apenas armas e granadas que carregavam consigo. Estariam predestinados se esse fosse o final da história, mas eles também tinham um apontador *laser* e um telefone por satélite. Com esses dois equipamentos essenciais, eles puderam chamar chuva de fogo do céu. Não foi o que eles trouxeram para a batalha que os tornou perigosos, mas, sim, quem estava do outro lado do telefone, a saber, as forças armadas mais poderosas da história da humanidade. Bombardeiros B-52 moviam-se em círculos por cima; tudo que os soldados tinham de fazer era marcar o alvo com o *laser* e dar o comando pelo telefone. Lembre-se de que aquele que controla o terreno alto controla o resultado.

Eu me referi anteriormente ao ataque de desespero de Paulo em que ele queixou-se da incapacidade de ajudar a si mesmo. Lembra-se de como ele disse isso? *Pois não faço o que prefiro e sim o que detesto* (Rm 7.15).

Se fosse possível fazermos melhor nós mesmos, não precisaríamos de Deus. Simplesmente obedeceríamos à regra de ouro e tudo estaria bem. O problema é que somos caídos e inclinados a escolhas pecaminosas. Não há justo, nenhum sequer (cf. Rm 3.10-12). Se esse não fosse o caso, Deus jamais teria enviado seu Filho para morrer por nós; em vez disso, ele poderia apenas nos ter dito para sermos bons. Na realidade, era com isso que tinha a ver toda aquela história de Moisés no monte Sinai. Os Dez Mandamentos eram basicamente Deus nos dizendo para ajudarmos a nós mesmos. Não durou nem dez minutos e houve então uma orgia com bebidas e bezerro de ouro, seguida de completa e total anarquia.

Paulo não terminou sua explosão de raiva, dizendo: "Acho que vou tentar mais arduamente...". Em vez disso, disse: *Graças a Deus por Jesus Cristo, nosso Senhor* (Rm 7.25). Depender de Jesus é nossa arma secreta, o ás de espadas que nenhuma carta pode derrotar.

A MENSAGEM DO EVANGELHO

NÃO É TENTE; É CONFIE

A mensagem do evangelho não é *tente*; é *confie*. É o que o coloca em contato com o poder que vem do alto. Quer falar sobre superioridade aérea? Não há nada tão alto quanto o Altíssimo. Deus. Ele habita no céu e espera para enviar seu poder supremo como resposta ao que você pede com fé e recebe com a decisão de agir em conformidade. Isso não torna irrelevante as outras coisas de que falamos; torna-as supremamente significativas. Ser mobilizado por Deus é como se conectar a uma fonte de energia. Há uma diferença clara como o dia e a noite entre se usar uma cafeteira ou um modelador de cachos que esteja conectado *versus* usar um desses aparelhos que apenas esteja ali sobre o balcão.

UM. DOIS. NÓS!

Parece haver uma divisão entre os que dizem que Deus ajuda aqueles que se ajudam e os que insistem que Deus ajuda aqueles que *não podem* ajudar a si mesmos. Acho que são dois lados da mesma moeda.

É verdade que a salvação tem tudo a ver com graça. Estamos mortos no pecado, e pessoas mortas não podem ressuscitar, não importa o que façam. Por outro lado, uma vez que nos ressuscitou dos mortos, Jesus espera que nós nos apliquemos com eficácia, exercitando o que ele operou em nós. Você deveria orar como se tudo dependesse de Deus e trabalhar como se tudo dependesse de você. Ou, para colocar em linguagem financeira: pense como um milionário, mas se esforce como se estivesse sem grana.

Você vê uma figura assim quando Jesus ressuscitou dos mortos uma menininha (Mc 5.35-43). A ressurreição dela foi toda por Jesus. Ela não acrescentou nada para que acontecesse. Isso somos nós sem Deus: sem esperança, perdidos e completamente incapazes de mudar nosso estado. Porém, assim que ela voltou a viver, Jesus falou para a família dela lhe dar algo para comer (v. 43). Por que ele a ressuscitou dos mortos, porém insistiu em que eles fossem os que a alimentassem? Deus jamais fará para nós o que podemos fazer nós mesmos.

Vemos a mesma coisa quando Jesus ressuscitou Lázaro dos mortos. Jesus foi o que fez com que o sangue coagulado de Lázaro corresse por suas veias ressecadas, porém ele disse aos que estavam ali que retirassem de Lázaro os panos fúnebres que o envolviam. É somente Deus que pode dar o miraculoso, mas ele espera que você viva de seus milagres e cuide deles.

Não devemos travar guerra de acordo com nossos próprios recursos. O poder que leva à vitória não está em nós nem vem de nós; está com Deus e vem da mão dele para nós. Porém, esse mesmo poder tem de ser empunhado. Tê-lo e usá-lo são coisas completamente diferentes. Meu irmão me comprou uma assinatura de cartão de filmes. Esse cartão me permite assistir a um filme no cinema todos os dias. Ele está ali em minha carteira, quer eu veja filmes quer não. O mesmo é real com a membresia na academia; somente por ter o direito de ir à academia e usar os equipamentos de graça não significa que automaticamente você obterá músculos abdominais bem definidos. Você precisa entrar e aproveitar o que sua membresia lhe dá acesso.

Assim é com relação ao arsenal de poder que está à sua disposição e comando como filho de Deus. Pedro escreveu: *Visto como, pelo seu divino poder, nos têm sido doadas todas as coisas que conduzem à vida e à piedade, pelo conhecimento completo daquele que nos chamou para a sua própria glória e virtude* (2Pe 1.3). Você tem todas as coisas que pertencem à vida e à piedade? Potencialmente sim, mas na prática você tem de acessar e aproveitar o que pertence a você, um momento de cada vez.

Paulo fez uma declaração semelhante: *Bendito o Deus e Pai de nosso Senhor Jesus Cristo, que nos tem abençoado com toda sorte de bênção espiritual nas regiões celestiais em Cristo* (Ef 1.3). Você está pensando: *Espera um instante, eu tenho "toda sorte de bênção espiritual nas regiões celestiais em Cristo"? Onde estão todas essas bênçãos?* Elas estão no mesmo lugar em que estão os bíceps e o abdômen que você gostaria de ter: esperando você usá-las. Elas não vão funcionar se você não trabalhá-las.

Como teria sido deplorável aos americanos tentar lutar sozinhos em vez de chamar os bombardeiros B-52 que estavam esperando por eles! É isso que fazemos quando tentamos travar batalhas espirituais usando somente estratégias humanas.

Mantenha essa figura em mente enquanto lê estas palavras de 2Coríntios 10: *Porque, embora andando na carne, não militamos segundo a carne. Porque as armas da nossa milícia não são carnais e sim poderosas em Deus, para destruir fortaleza; anulando nós, sofismas e toda altivez que se levante contra o conhecimento de Deus, e levando cativo todo pensamento à obediência de Cristo* (v. 3-5).

Um dos maiores erros que você pode cometer é tentar fazer o trabalho de Deus sem o poder dele. Há uma cena genial no filme *Homem de Ferro 3* em que o piloto automático de Tony Stark não funciona direito e ele voa centenas de quilômetros fora da rota, caindo numa colina coberta de neve, Rose Hill, no Tennessee. Sentindo-se claustrofóbico, ele ejeta. Porém, tão logo percebe como a neve está "revigorante", ele deseja que tivesse permanecido no conforto da roupa.

Anda trôpego sobre a neve, puxando a roupa do Homem de Ferro como uma criança puxa um trenó. Segue todo bufando enquanto puxa a roupa devagar, um pé de cada vez. É um visual perfeito porque a roupa não foi desenhada para ser carregada *por* ele; foi desenhada para carregá-lo enquanto ele cumpre seu chamado como um super-herói.

A Bíblia diz que estamos *em* Cristo. "Em Cristo" é uma expressão teológica para descrever o modo pelo qual Deus nos vê, como totalmente cobertos em Jesus. Porém, no que tange a travar batalhas, você também pode pensar em Cristo do modo com que Tony está na roupa do Homem de Ferro. Por nossa constante confiança em Jesus, acessamos um arsenal de proteção, munição e navegação.

Tantos cristãos estão lutando para puxar o que deveria impulsioná-los, tentando travar as batalhas desta vida com as próprias forças, entrando em guerra segundo a carne. Não cometa esse erro! Permaneça no traje. Jesus não é algo para se carregar como pingente religioso ou um talismã de boa sorte. Ele é o Senhor ressurreto que carregará você. Invoque poder de fogo e, quando Deus fizer o chão sacudir com força, esteja pronto para ocupar o território que ele limpou com as estratégias de bom senso das três primeiras cartas. Você tem de manter o que ele lhe dá poder para obter.

Porém, e as fortalezas em relação às quais Paulo mencionou que precisamos do poder de Deus para destruí-las? A maioria das cidades antigas tinha uma fortaleza no topo de uma colina. Ali seus moradores podiam se refugiar. Os coríntios teriam se identificado com Paulo na medida em que usava essa linguagem, porque bem no alto da antiga cidade de Corinto havia uma fortaleza que ficava sobre uma colina de 574 metros de altura. Se controlasse essa fortaleza, você controlaria a cidade.

No capítulo 2, aprendemos a importância de possuir o terreno alto. Uma fortaleza oferece muitos benefícios. Para um, é possível ver o inimigo vindo, de modo que é mais difícil ser apanhado de surpresa. Para outro, a luz ajuda, porque o inimigo tem de olhar para cima, para o sol, para vê-lo. Quando outra pessoa tem uma posição elevada sobre você, então você é uma presa, um alvo fácil.

Em sua vida, uma fortaleza é uma área em que você ficou entrincheirado por acreditar em algo que não é verdade, ou por fazer algo que não deveria ter feito, e consequentemente o inimigo tem uma posição solidamente fortificada em relação a você. Trocando em miúdos, é um puxão constante para a direção errada.

Essas fortalezas podem assumir muitas formas: orgulho, ansiedade, luxúria, ressentimento, ciúme, amargura, condenação, vergonha, abuso físico, abuso químico, vícios, ciúme e cobiça, desordens alimentares, comportamento compulsivo, baixa autoestima; a lista segue em frente.

Essas fortalezas dão uma chave de braço na alegria, no crescimento, na liberdade e na força que você deve experimentar. Elas neutralizam a efetividade e prendem você em um estado de desenvolvimento paralisado. Uma coisa é certa: você jamais experimentará tudo que a vida reserva se estiver vivendo com fortalezas. Elas são como ter barreiras em nossas artérias. Não importa a força com que o coração bombeie, você não será capaz de obter fluxo de sangue necessário para o corpo.

Vale a pena notar que você não precisa demolir uma fortaleza que, em primeiro lugar, nunca foi construída. É por isso que você deve ser exageradamente cuidadoso com o que permite entrar em sua vida. Se gastássemos mais energia na preservação, não teríamos de gastar tanto tempo na cura. Seria melhor eu lavar

AS FORTALEZAS SÃO UM **PUXÃO CONSTANTE PARA A DIREÇÃO ERRADA**

146   EU DECLARO GUERRA

as mãos, descansar, me manter hidratado e tomar uma vacina para gripe do que gastar uma tonelada de dinheiro com *NyQuil* e *Theraflu*, zinco, prata coloidal e vinagre de maçã.

O mesmo serve para sua alma. É melhor prevenir do que remediar. É uma péssima ideia brincar com o pecado, porque os pontos de partida se tornam fortalezas. *Um pouco de fermento leveda toda a massa* (Gl 5.9). O maior erro que você pode cometer é subestimar o inimigo. Ele está jogando xadrez, e não jogo de damas, e quer obter uma cabeça de ponte em sua vida.

Pode ser que você esteja fazendo concessões relativamente pequenas aqui e ali, como namorar com alguém que você não deveria, assistir a filmes obscenos e pensar: *Eu posso administrar isso*. Talvez você possa, mas ele está buscando qualquer coisa para pegar você, a fim de justificar alguma coisa.

Não deveríamos permitir que coisas pequenas aumentassem, mas e se já tivermos permitido? Nosso Deus é capaz! Sim, é melhor prevenir do que remediar, mas a boa-nova é que Deus tem o remédio também! Nunca é tarde demais para fazer a coisa certa.

Existem coisas que verdadeiramente exercem poder sobre você? Coisas que estão constantemente puxando-o para a direção errada? Eis como destruí-las:

1. Localize-as: Peça a Deus que abra seus olhos para os pecados ocultos a fim de que você possa identificá-los e reconhecê-los pelo que são: áreas de opressão em que o pecado formou uma barricada em volta e que o inimigo tem uma posição de poder contra você. Somos todos cegos para nossos pontos cegos.
2. Renuncie ao pensamento ou comportamento e posicione sua alma contra ele. Isso se chama *arrependimento*.
3. Pinte o alvo de modo que o céu possa acertá-lo com o poder sobrenatural de Deus.
4. Deixe seu esquadrão participar daquilo que está acontecendo. Somente Deus pode perdoar, mas outras pessoas precisam participar da cura (Tg 5.16).
5. De modo vigilante e diligente, construa algo no lugar do pecado, para que este jamais possa ser reconstruído. Se você não acompanhar seu novo início com um novo plano, a fortaleza será tomada de novo, e será sete vezes pior que a primeira vez. Fazer uma cirurgia de tripla ponte de safena é eficaz somente se o paciente se exercitar e seguir uma dieta de baixo colesterol. Caso contrário, ele acaba exatamente onde estava antes da cirurgia.

Deixe-me ampliar o terceiro passo: pintar o alvo. Mantenha o *laser* na fortaleza para que, quando der a senha, os bombardeiros saibam onde deixar cair o míssil.

Para fazer isso com eficácia, você precisa usar linguagem acurada. Toda missão tem uma senha clara usada para validar a ordem. No filme *Falcão Negro em perigo*, por exemplo, a senha era *Irene*.

Nós também recebemos uma palavra, e ela é um nome. Filipenses 2.10 diz: *Para que ao nome de Jesus se dobre todo joelho, nos céus, na terra e debaixo da terra.*

Você pode forçar seus inimigos a estar de joelhos ao se dispor a estar você mesmo de joelhos. Como diz o antigo hino: "Satanás treme ao ver o santo mais fraco de joelhos"[2]. A oração é uma arma que desliga a escuridão. E, quando orar, certifique-se de usar a palavra certa. O nome de Jesus, e não simplesmente um *Deus* genérico ou *o homem lá em cima*, é o que nos dá poder.

Ouvi recentemente que o programa de TV *MythBusters* foi chamado originariamente de *Tall tales* [Histórias da carochinha] ou *True* [Verdadeiro], mas foi rejeitado quando apresentado ao Discovery Channel. Foi somente depois de receber o nome de *MythBusters* [Caçadores de mito] que recebeu sinal verde.[3]

As palavras contam. Deus nos deu o nome que é sobre todo o nome, e seu poder nomeado transborda quando o usamos. Omiti-lo é um imenso erro.

É possível descobrir o que Davi disse quando você está disposto a clamar pela ajuda de Deus à medida que declara guerra a tudo que o detém:

> *Ele treina as minhas mãos para a batalha*
> *e os meus braços*
> *para vergar um arco de bronze.*
> *Tu me dás o teu escudo de vitória;*
> *tua mão direita me sustém;*
> *desces ao meu encontro para exaltar-me.*
> *Deixaste livre o meu caminho,*
> *para que não se torçam os meus tornozelos.*
>
> *Persegui os meus inimigos e os alcancei;*
> *e não voltei enquanto não foram destruídos.*
> *Massacrei-os, e não puderam levantar-se;*
> *jazem debaixo dos meus pés.*
> *Deste-me força para o combate;*
> *subjugaste os que se rebelaram contra mim.*
> *Puseste os meus inimigos em fuga*
> *e exterminei os que me odiavam.*
> *Gritaram por socorro,*
> *mas não houve quem os salvasse;*
> *clamaram ao* SENHOR, *mas ele não respondeu.*
> *Eu os reduzi a pó, pó que o vento leva.*

Pisei-os como à lama das ruas.
Tu me livraste de um povo em revolta;
  fizeste-me o cabeça de nações;
  um povo que não conheci sujeita-se a mim.
Assim que me ouvem, me obedecem;
  são estrangeiros que se submetem a mim.
Todos eles perderam a coragem;
  tremendo, saem das suas fortalezas (Sl 18.34-45, *NVI*).

Davi sabia do que estava falando. Quando ainda jovem, ele entrara no vale de Elá para erradicar um gigante chamado Golias, o qual estivera blasfemando contra Deus por quarenta dias. Todos em Israel se acovardaram em resposta a esse grande inimigo que estava entrincheirado em sua superioridade sobre eles. Davi assemelhava-se muito a um homem a cavalo indo contra um tanque de guerra, visto que subiu para lutar com esse homem de guerra levando somente uma funda e um cajado de pastor. Parecia que ele estava completamente derrotado. Golias rugiu em fúria, baba escorria de seus lábios grotescos na medida em que prometia pintar o chão de vermelho com o sangue de Davi. Porém, Davi não confiou nas armas que tinha nas mãos; ele pintou Golias de vermelho ao invocar o *nome do* SENHOR *dos Exércitos, o Deus dos exércitos de Israel* (1Sm 17.45).

Quando travar as batalhas em nome de Jesus, seus inimigos não terão mais poder sobre você do que o gigante teve sobre Davi aquele dia no vale de Elá. Quando o corpo de Golias desabou ao chão e a poeira baixou, ficou evidente que, mesmo com sua armadura de 57 quilos, dardo enorme, lança e capacete, foi ele quem trouxe o cavalo para a batalha contra um tanque de guerra.

BORBOLETAS E ÁGUIAS

*Os erros não são um mal necessário.
Não são maus de maneira alguma.
Eles são a consequência inevitável de fazer
alguma coisa nova (e, como tal,
deveriam ser considerados valiosos).*[1]
— ED CATMULL

Alguma vez você balbuciou: *Isso é muito difícil; é mais do que posso aguentar?* Se sim, você está certo. Você não consegue.

Sempre acontecia nas férias e sempre envolvia queda: de um escorregador, do balanço, de uma cerca. Acho que caí muito quando criança. Os segundos pareciam horas quando eu tentava fazer os pulmões expandirem. Eu tinha certeza de que ia morrer. E seguia por um tempo que parecia uma eternidade, até que de repente tudo ficava bem; então, eu voltava imediatamente a jogar, como se nada tivesse acontecido.

O que eu não sabia na época era que há mais de uma maneira de ficar sem fôlego.

Descobri o limite do que meu fôlego podia fazer quando tentei aplicar a RCP* em minha filha Lenya nos últimos momentos de sua vida na terra. Meu fôlego em

---

* [NE]: Reanimação cardiopulmonar.

seus pulmões não era suficiente para mantê-la, e, apesar dos meus esforços, ela morreu e foi para o céu, deixando-nos aqui sem fôlego. Cinco anos se passaram, e naquela época o poder de concussão daquela explosão devastadora enviava marolas à nossa casa. Essas marolas nos faziam perder o fôlego repetidas vezes, geralmente quando menos esperávamos. A frase *Isso é mais do que podemos suportar* passou pela minha mente mais vezes do que posso contar.

Se você ainda não enfrentou algo tão duro que o puxou para o ponto de ruptura total, seu dia vai chegar. Não estou sendo rude; é apenas fato. Se viver o bastante para amar profundamente, você se magoará de modo considerável. Todos têm um ponto de ruptura, não importa quanto seja valente, corajoso ou forte. Até mesmo a própria coisa que o mantém vivo, sua respiração, é limitada.

Diz-se que o tempo nos faz a todos de bobos. Eu gostaria de alterar isso: o tempo nos torna todos *seres frágeis*. Até o jovem se enche e o homem forte fracassa. Todos que eu e você conhecemos e com quem nos importamos acabarão ficando doentes, feridos, machucados e, no final, todos nós morreremos. Ser devastado é o prêmio por ser mortal.

É por isso que é tão importante você não tentar travar essas batalhas com as próprias forças ou confiando no poder do próprio pulmão. Quando seu fôlego for tirado, você precisará confiar que Deus dará um segundo fôlego. O primeiro fôlego é o ar natural que lhe foi dado na criação, quando Deus soprou o pó do qual ele nos formou. O segundo fôlego é o poder do Espírito Santo que nos foi dado depois que Jesus ressuscitou dos mortos.

Os discípulos estavam reunidos no Cenáculo quando Jesus apareceu no meio deles e provou que estava vivo ao permitir que eles tocassem seu corpo. Então, fez a mesma coisa que havia feito no jardim do Éden: Deu-lhes ar. *Soprou sobre eles e disse-lhes: Recebei o Espírito Santo* (Jo 20.22).

Eu entendo se sua antena se espichar quando menciono o Espírito Santo. Porém, fique comigo; não se trata de algo sectário ou denominacional; é bíblico. Trata-se de uma área onde tem havido muito abuso, mas negligenciar é abuso também. E negligenciar o Espírito Santo é recusar a oferta de um amigo com um caminhão para ajudar a fazer a mudança e, em vez disso, optar por arrastar os móveis você mesmo rua abaixo.

O Espírito Santo é o segredo de uma vida vitoriosa. Ele quer turbinar seus esforços de viver para Deus e ajudá-lo a prevalecer na guerra contra a versão que você não quer ser de si mesmo. Tudo que você tem a fazer é pedir a Deus que lhe dê força, e ele virá sobre você como um vento tempestuoso, impulsionando-o a lugares que de outra maneira jamais poderia ir. Essa é a chave para ser a mãe que você sempre desejou ser, para lidar com os conflitos com seu pai como gostaria de lidar, para ser um ótimo agente imobiliário em seu trabalho, para enfrentar a quimioterapia como uma luz clara e brilhante. Quero que você saiba da força dele para que não desista de pensar correto, falar correto e fazer correto.

No Antigo Testamento, os sacerdotes que serviam no templo tinham de passar por um processo antes de se apresentarem para o trabalho. Havia rituais de limpeza com água e uma cerimônia que incluía se vestir. Porém, antes de bater o ponto, eles tinham de ser ungidos com sangue e depois óleo. O sangue era o símbolo do perdão e era pincelado na orelha, no polegar e no dedão do pé. O propósito era purificá-los dos lugares em que andaram, das coisas que ouviram e do que tocaram. Os sacerdotes entendiam o óleo como o símbolo de "ser separado", mas, agora que temos a revelação plena da Palavra de Deus, sabemos que o óleo era um símbolo da unção do Espírito Santo. Hoje, por meio de Cristo, somos reis e sacerdotes, *geração eleita, sacerdócio real, nação santa, povo exclusivo de Deus* (1Pe 2.9, *NVI*).

Nós não precisamos apenas do perdão que vem com a salvação; precisamos de ajuda, do poder que vem do alto. Hoje, muitos crentes são salvos, porém não desfrutam da capacitação. Precisamos do sangue e do óleo, da cruz e do consolador.

O prolífico pregador Charles Spurgeon escreveu:

> Se houvesse uma única oração que eu pudesse fazer antes de morrer, deveria ser esta: Senhor, envie à sua igreja homens cheios com o Espírito Santo, e com fogo.[2] A igreja está fraca hoje porque o Espírito Santo não está sobre seus membros como poderíamos desejar que estivesse. Eu e você estamos cambaleando como bebês frágeis, enquanto, se tivéssemos mais do Espírito, poderíamos caminhar sem desfalecer, correr sem nos fatigar e até subir com asas como águias.[3]

Muitos seguidores de Jesus chegaram até o Calvário, mas negligenciaram o Pentecoste. O resultado é que acabam como borboletas em vez de voar como águias. Jesus prometeu colocar seu poder em nossos pulmões. Porém, se não pedirmos esse poder, somos perdoados, mas não alimentados para servir. Batemos asas, somos soprados para fora da rota pela menor brisa quando deveríamos cortar os ares majestosamente e cheios de força.

Diz-se que, se o Espírito Santo fosse retirado da igreja hoje, 95% do que fazemos continuaria e ninguém saberia a diferença. Isso é paródia! Deveríamos ser tão dependentes do Espírito Santo que, se ele partisse, nos sentiríamos instantaneamente como um astronauta sem suprimento de oxigênio.

DOIS PASSOS PARA A ESQUERDA

Há uma trilha para caminhada que frequento quando estou estudando e deparo com algum bloqueio mental. Ao longo dos anos, nela eu tive tempos realmente impressionantes com o Senhor. Descobri que oro melhor caminhando, penso melhor caminhando. É simplesmente rejuvenescedor para o meu espírito. Pego meu cachorro, Tabasco, enfio um pedaço de papel e uma caneta no bolso e o mais importante: deixo meu celular no balcão da cozinha.

Quando minha filha Lenya foi para o lar celestial, uma das maneiras mais importantes com que lidei com esse fato foi caminhar na trilha e contar para Deus exatamente o que eu estava sentindo. Eu escrevi mais sermões e tive mais ideias para mensagens caminhando nessa trilha do que provavelmente em qualquer outro lugar do mundo.

No geral, não estou completamente ali, apenas caminhando, pensando, orando e às vezes cantando. As pessoas que eu encontro provavelmente presumem que eu seja maluco, já que geralmente estou balbuciando ou escrevendo algo num pedaço de papel apoiado em minha coxa.

Alguns meses atrás, em uma dessas caminhadas, retornei rapidamente à realidade e percebi que estava caminhando de forma estranha, quase como se estivesse pulando amarelinha ou andando sobre uma ponte com algumas tábuas aleatórias faltando. Percebi que estava tomando cuidado para evitar todos os presentinhos deixados no caminho por um bando de gansos canadenses que vivia na área durante os meses quentes do ano. É normal eles deixarem restinhos aqui e ali, mas, nesse dia em particular, foi ridículo. O caminho estava coberto de cocô. Até certo ponto, quase não se podia ver o calçamento. Não sei que tipo de festa insana eles estavam fazendo, mas, se tiver algum ganso canadense lendo, eu não quero ser convidado.

Contudo, persisti. Há determinado ponto na trilha em que faço a meia-volta, e não chegar àquele ponto me levaria a um frenesi de TOC. Eu precisava chegar lá; então, continuei andando.

Que nunca seja dito que o ganso canadense alguma vez me derrotou. Eu quase tive de fazer acrobacia em cada passo, como Will Ferrell subindo a escada rolante no filme *Um duende em Nova York*. Finalmente cheguei ao fim da trilha e dei meia-volta, só para me dar conta de que *tinha de passar por tudo isso de novo*. Eu estava enojado, e mais, já quase tinha tido uma câimbra dolorida.

À medida que comecei a dar passos cuidadosos, olhei para a esquerda e percebi um cinturão verde, gramado, correndo paralelo à trilha. Aparentemente, esse cinturão não teria agradado aos gansos para que aliviassem ali seu ventre. Estava completamente limpo, completamente aberto. Senti-me muito idiota ao perceber que o tempo todo que estivera caminhando nos terrenos minados eu poderia ter caminhado na grama. Dei dois passos à esquerda e, dali em diante, foi suave caminhar de volta para casa.

Acho que isso ilustra a diferença entre tentar viver para Deus e deixar a vida de Deus viver por meio de você. Foi uma mudança pequena, apenas dois passos para a esquerda, e passei de me mover como uma borboleta desajeitada a me mover como uma águia.

Pode ser que você não precise de uma mudança enorme para alcançar um progresso significativo. Você pode estar movendo-se na direção correta, apenas dificultando mais para você mesmo do que o necessário. Você pode ter caminhado em uma trilha coberta daquilo que o apóstolo Paulo disse que aprendeu a considerar como esterco: conquista humana (Fp 3.8). A partir do momento que aprendeu a contar com o poder do Espírito, ele ainda envidava o mesmo esforço, talvez ainda mais. A graça de Deus jamais faz você querer menos; em vez disso, você é livre para ir ao alto e além, porque sabe que o negócio não é mais com você.

Talvez a mudança do autopoder para o poder do Espírito será como dar dois passos à esquerda e ir na mesma direção em que você andava antes, mas agora vendo Deus abençoar radicalmente os seus esforços.

Essa é a mensagem que Deus deu a Zorobabel no livro de Zacarias, no Antigo Testamento. (Se você não sabe onde está, aqui vai uma dica profissional: encontre Mateus, o primeiro livro do Novo Testamento, e vá dois passos para a esquerda.) Com a permissão do rei Ciro, Zorobabel trouxe com ele a Jerusalém 42.360 dos seus amigos mais íntimos. O objetivo de Zorobabel era construir o templo que fora derrubado durante a invasão babilônica em 586 a.C., quando Nabucodonosor tomou os habitantes de Judá e os levou, acorrentados, em cativeiro para a Babilônia.

Deus chamou Zorobabel para reconstruir a casa dele. Era perigoso, arriscado e difícil, especialmente sem muros para protegê-los. Quando perguntaram a Deus como poderiam possivelmente estar seguros sem muros protegendo-os de invasão, Deus respondeu: "Eu protegerei vocês, não com muros de madeira e pedra, mas com um muro de fogo!" (Zc 2.5, paráfrase do autor).

Que pensamento consolador! Eu tenho um sistema de segurança, um revólver e um bastão de beisebol para manter meus filhos seguros. Eu amo o fato de meu vizinho de porta ser um oficial da polícia, e tenho mais três tiras em minha discagem automática. Porém, o consolo maior é saber que Deus mantém minha casa rodeada de muros de fogo!

Isso foi suficiente para Zorobabel, de modo que ele e sua equipe foram ao trabalho. Trabalharam por quase nove anos, mas, depois de aproximadamente uma década de trabalho, eles não tinham quase nenhum progresso para mostrar. Depararam com oposição, barreiras, desencorajamento e problemas imprevistos. E, claro, havia lutas e divisão, porque, encaremos: não se pode realizar nada importante sem crítica e adversidade. Todos os dias eles tentavam, tentavam e tentavam e simplesmente não funcionava, não funcionava e não funcionava.

Isso faz você entender Zorobabel. Já é suficientemente difícil manter uma equipe motivada, no caminho certo e animada quando você consegue apontar o

A GRAÇA DE DEUS JAMAIS FAZ VOCÊ **QUERER MENOS**, PORQUE VOCÊ ★ SABE ★ QUE O NEGÓCIO **NÃO É MAIS COM VOCÊ**

sucesso visível. "Está vendo o que está acontecendo? Veja o que temos de fazer. Quantos de vocês sabem que vamos fazer mais disso?" Porém, por nove anos, ele estava tentando ajudar as pessoas a crerem no sonho, e elas não tinham um progresso pelo qual se motivar.

Zorobabel teria se sentido desencorajado e cansado. Suas rodas estavam girando na lama, e ele não conseguia obter nenhuma tração. É aí que as dúvidas começam a aparecer: *Talvez eu não seja o cara. Talvez eu não seja adequado para isso. Talvez devêssemos deixar para outra pessoa.*

Ele caiu num desânimo emocional, mas Deus falou ao seu coração e o despertou, dando, por meio de um anjo, a Zacarias uma visão para Zorobabel. Zacarias viu um candelabro de ouro. Curiosamente, o mesmo tipo de candelabro que estaria no templo de Jerusalém, se algum dia o acabassem. Na visão, o trabalho no templo estava completo, e esse era um candelabro como ninguém jamais vira.

Esse candelabro de ouro grande e vistoso tinha sete lâmpadas e sobre ele um enorme vaso de ouro. O vaso ficava exatamente abaixo de duas oliveiras enormes que estavam produzindo azeitonas. Assim que amadurecia, a azeitona caía da árvore no vaso que estava embaixo.

As azeitonas seriam prensadas e virariam azeite, o qual correria pelos sete tubos ligados à base do vaso. Cada um dos tubos ia para uma das lâmpadas. Diferentemente da tocha no templo, que precisava da adição diária de óleo, este era um abastecimento sem fim, que alimentava uma chama que não podia apagar. Era um fogo eterno, que queimava perpetuamente, completamente autossustentável.

A visão veio com as seguintes instruções: *Esta é a palavra do Senhor a Zorobabel: Não por força nem por poder, mas pelo meu Espírito, diz o Senhor dos Exércitos* (Zc 4.6).

Mudador de jogo. Esta era a peça que faltava: poder secreto. Zorobabel iria continuar fazendo a mesma coisa que estivera fazendo, mas agora estaria na dependência da força do Senhor em vez de na própria força. Um pequenino ajuste criaria uma diferença enorme, porque ele não estaria tentando perseverar corajosamente ou se determinar a fazer acontecer. Em vez disso, ele daria dois passos à esquerda e entraria na pista chamada *graça*. Ao depender da força de Deus, ele seria capaz de cumprir seu chamado. Zacarias e seu povo fizeram o impossível confiando no Espírito Santo, as montanhas foram aplainadas diante dele, e a pedra final foi colocada no lugar com aclamações: *Haja graça e graça para ela! (Zc 4.7)*.

ESSA COISA ESTÁ LIGADA?

Talvez a Palavra de Deus a Zorobabel seja a Palavra de Deus a você também. Você está confuso com seu casamento? No limite da paciência com seus filhos? Sem eficácia em seu trabalho? Talvez você esteja tentando fazer a coisa certa, mas está dependendo do seu poder. Não importa quantas vezes bata suas asas, uma borboleta não pode voar onde uma águia voa, porque as águias podem voar em ventos que as asas da borboleta não podem acessar. Imagine que diferença imensa faria em sua vida ter o poder da asa do Espírito Santo nas velas de seu barco.

Os discípulos jamais teriam conseguido levar o evangelho aos confins da terra e virado o Império Romano do avesso sem que o Espírito Santo lhes desse poder. É por isso que eles tiveram de esperar até receberem poder do alto. Não é diferente para você. Há coisas incríveis e memoráveis que Deus quer fazer no *campus* de sua universidade, em seu local de trabalho e em sua vizinhança. Porém, primeiro você precisa pedir para Jesus soprar em você e lhe dar a força dele. E você terá de fazer isso de novo amanhã, porque o poder é perecível. Os minutos não se acumulam.

Os técnicos de áudio lidam com uma coisa chamada alimentação *phantom power*: a capacidade de enviar energia a determinados aparelhos a partir da caixa de ressonância. Certos tipos de microfones necessitam da alimentação *phantom power* para funcionar. A alimentação *phantom power* precisa ser ligada especificamente para aquele canal se você quiser ouvir sua voz.

Efésios 4.7 nos fala da alimentação *phantom power* de Deus: *E a graça foi concedida a cada um de nós segundo a proporção do dom de Cristo*. Deus, o engenheiro mestre de áudio, jamais dará a você um dom e o chamará para fazer alguma coisa sem estar disposto a lhe dar a energia elétrica para alimentar o dom. Resultado: você não pode vencer a guerra sem pedir a Deus todos os dias para impulsionar seus esforços e então ser sensível às dicas que ele lhe der ao longo do caminho. Como o sonorizador na lateral da rodovia, Deus nos direciona por meio de cutucões gentis para corrigir nossa rota.

Não importa para o que Deus o chame, com seu comando vem também a capacitação. A Força Aérea não espera que você traga seu F-16; ela dá a você tudo que é preciso para o cumprimento de suas ordens. Você também não precisa entender como vai cumprir sua missão. Você precisa apenas dizer sim e depois obedecer. Sempre haverá um milhão de razões para hesitar:

- *Não é uma boa hora para eu dar o dízimo neste momento.*
- *Não é razoável mudarmos neste momento; sei que não somos casados, mas certamente Deus entende.*
- *Começarei aquele negócio ou voltarei para a escola qualquer dia desses. Apenas não sei como poderia fazer isso com a economia como está.*
- *Eu compartilharia o evangelho com meu vizinho se ele mencionasse um tema espiritual, mas tudo que ele fala está sempre relacionado ao esporte.*

Nunca será conveniente obedecer. Porém, quando fizer o que Deus disse, você experimentará poder, bênção e paz.

DEUS
NOS
DIRECIONA
POR MEIO DE
CUTUCÕES
GENTIS
PARA CORRIGIR
NOSSA
ROTA

Decida obedecer a Deus e então deixe-o cuidar dos detalhes. *Confia no Senhor de todo o teu coração e não te estribes no teu próprio entendimento. Reconhece-o em todos os teus caminhos, e ele endireitará as tuas veredas* (Pv 3.5,6). O resultado final será que você o verá solucionando as coisas de maneira magnífica, mas primeiro você tem de dar o passo de fé audacioso que diz: *eu creio.*

Ele tem o poder; você precisa apenas pedi-lo. Ele é um bom Pai. Ele não lhe dará uma tarântula se você pedir um petisco de frutas da marca *Roll-Up*. Porém, ele lhe dará o Espírito Santo se você o pedir.

Tente. E, quando ficar sem fôlego, peça um segundo, terceiro e quarto fôlegos. Se ficar sem fôlego sete vezes, ele lhe dará o sétimo fôlego também.

Uma viagem ao depósito de lixo

*Os avivamentos não duram,
nem os banhos.*
— Atribuído a Billy Sunday

Eu tenho uma ideia para a Amazon. Eles deveriam fazer um acordo com a UPS para que esta levasse *embora* uma caixa vazia toda vez que viesse entregar um novo pacote *em* sua casa. Esse pacote pode ser reciclado, reutilizado, transformado em comida para esquilo-da-mongólia ou sei lá o quê. O mais importante, eles estariam livrando a minha garagem dessas caixas.

Trata-se de fato de um problema. Ou talvez eu tenha um problema, mas estou oferecendo uma solução ao mundo. Eu só espero que alguém grande na Amazon esteja lendo isso.

Eu gostaria de dizer que tenho esse problema somente perto do período de festas, mas isso não seria dizer a verdade. Trata-se simplesmente de um enorme problema e ponto final. Você pode comprar tudo *on-line* com a conveniência de um clique. Fui forçado a lidar com essa situação alguns meses atrás quando não podia chegar ao local onde guardo minhas ferramentas para pegar uma chave de fenda. Não estou dizendo que foi difícil chegar às minhas ferramentas ou que tive de tirar algumas coisas do meio. Eu não conseguia, fisicamente, andar na garagem porque as caixas tinham dominado tudo.

No início do ano, nós desafiamos toda a igreja a fazer sete dias de jejum para que focássemos novamente nosso coração no céu. Eu decidi me abster não apenas de alimento naquela semana, mas de comprar qualquer coisa *on-line* ou até mesmo de pesquisar coisas para comprar *on-line* (ler avaliações, assistir a vídeos no YouTube e assim por diante). Eu não visitaria nenhum site de *e-commerce* ou aplicativo de qualquer espécie, não leria *blogs* nem visitaria *sites* de moda que descrevem as novas tendências e estilos.

Honestamente, para mim isso era mais desafiador do que abrir mão de comida! Peguei-me constantemente pensando em coisas que eu precisava comprar. Coisa pequena como creme dental e uma nova lâmina de hélice para substituir a que quebrou em meu drone. A frequência com que meu reflexo ia para a compra *on-line* no momento em que dava um branco foi reveladora.

Um dia próximo do fim de semana, enquanto estávamos à mesa para o jantar em família, vimos o caminhão da UPS passar por nossa casa. Clover, minha filha caçula, borbotou: "O caminhão da UPS não parou em nossa casa!" E sua irmã mais velha, Daisy, exclamou: "Isso jamais aconteceu!"

Finalmente decidi fazer algo a respeito no dia em que não consegui mais entrar na garagem. Nossa estratégia normal é picotar algumas caixas por vez para que caibam na lata de lixo. Porém, o fluxo de caixas que chegavam excedia em muito nossa capacidade de mandá-las embora, e cada semana que passava ficávamos mais atrasados. Então, coloquei um audiolivro para ouvir, microfones nos ouvidos, catei um cortador e fui cortando o exército de caixas. Então enchi cada centímetro quadrado de minha SUV e levei as caixas ao enorme receptor de papelão que tem no depósito de lixo. Foram necessárias duas viagens. (Você sabe que tem um problema quando...) Foi muito agradável ter a garagem purificada da evidência do excesso de uso de nossa membresia Prime. Depois disso, desfilei com toda a minha família em volta da garagem, exclamando quanto eu estava feliz por ter nossa vida de volta.

Umas semanas depois, fiquei chocado ao ver caixas já empilhando novamente. Meti um suéter Patagônia, coloquei outro audiolivro para ouvir e fui ao trabalho. Desde então, isso se tornou um ritual de domingo sim, domingo não, para mim. Depois da igreja, eu almoço, descanso por 45 minutos e me preparo para a viagem quinzenal até o depósito de lixo.

Não sei por que, mas acho isso catártico. Há algo muito satisfatório acerca de se livrar do lixo. Faz-me sentir como uma nova pessoa. Ir embora sem a pilha de caixas me faz sentir mais leve, mais feliz e mais satisfeito. E faço isso no domingo. Também sinto como se simbolicamente representasse o modo pelo qual todas as pressões e as expectativas da semana anterior virassem passado, dando lugar à nova semana. A desintoxicação aciona o botão "reiniciar" na minha mente.

A verdade é que todos nós precisamos passar por um tipo semelhante de desintoxicação em nosso interior. Todos nós acumulamos esterco, sujeira e vergonha em nosso coração e mente, e precisamos de um escoadouro para todo esse lixo. É por isso que a confissão é uma parte tão importante de nosso relacionamento com Deus. Primeira João 1.9 diz: *Se confessarmos os nossos pecados, ele é fiel e justo para nos perdoar os pecados e nos purificar de toda injustiça.* À medida que pecamos e nos ferimos, ficamos ofendidos e ofendemos os outros, as garagens de nosso coração ficam cheias de lixo, caixas, sentimentos feridos e arrependimentos. Se não tivermos um lugar aonde levar essas coisas, elas empilham e nos fazem mal. Assim como nossos telefones e computadores se tornam lentos e paralisam quando estão superlotados, assim também nossa alma não pode receber novos arquivos que Deus quer que baixemos quando faz muito tempo desde a última vez que as coisas velhas foram limpas.

Eu acho interessante que, mesmo quando não creem em Deus, as pessoas ainda assim buscam um escoadouro para os pensamentos e emoções negativos que se acumulam. Recentemente eu me hospedei em um hotel, no centro de Portland, que tinha um piso com vista para o saguão. Decorado com sofás e mesas, era um lugar genial para tomar café enquanto se trabalhava no *notebook* ou colocava a conversa em dia com um amigo. Havia lápis nº 2, recém-apontados, com o logotipo do hotel e pequenos blocos de papel espalhados aleatoriamente pelo espaço. Oposto a uma parede, havia um gabinete de madeira, enorme e antigo. Cheio de gavetinhas, parecia que em algum momento havia sido usado para armazenar fichas de biblioteca.

(Espere um segundo. A campainha tocou; era a UPS entregando um pacote da Amazon cheio de cápsulas Nespresso. Você não pode inventar um negócio desse.)

De qualquer modo, abri uma das gavetas, e dentro delas havia dúzias e dúzias de papeizinhos daqueles bloquinhos de papel que estavam sobre as mesas. Eram anotações não assinadas, anônimas, escritas por pessoas que haviam se hospedado no hotel. Algumas eram poemas, pensamentos ou observações, mas parecia que a maioria continha segredos que as pessoas queriam arrancar do peito, coisas que haviam feito ou queriam ter feito. Algumas eram terríveis demais. Outras eram insignificantes. Algumas me deixaram muito, muito triste. E, embora fosse um tanto repugnante, eu poderia ter ficado ali lendo-as por horas.

Pensei naquela cômoda de madeira quando estava fazendo minha viagem mais recente para me livrar da caixa de papelão. A mesma razão pela qual me sinto bem em livrar a garagem das caixas provavelmente seja o que faz aquelas pessoas aliviarem sua alma em uma peça de mobiliário de um hotel. A única diferença entre rabiscar uma anotação em um pedaço de papel e trazer suas provações e transgressões a Deus em oração é que ele tem poder para perdoar você e limpá-lo com uma escova poderosa.

SEM UMA LIMPEZA *REGULAR,* SUA ALMA SE INFESTARÁ COM PENSAMENTOS FÉTIDOS E SENTIMENTOS PODRES

Confessar seu pecado a Deus é uma viagem ao depósito de lixo em favor de sua alma. Imagine se você não tivesse jeito de tirar o lixo de sua casa por um mês. Qual seria o cheiro? Que desagradável seria viver rodeado de comida estragada, utensílios quebrados, embalagens vazias, cotonetes e roupas íntimas sujas e surradas?

Em 2013, todos os seis mil coletores de lixo em Madrid, Espanha, entraram em greve. Após oito dias somente, a cidade estava infestada de entulho, as ruas estavam "transbordando de lixo, inclusive detritos, comida podre e excremento de cachorro"[1]. Logo as pessoas chegaram a um momento crítico, implorando para os coletores de lixo retornarem.

Eis a questão: O que é verdade sobre uma casa e uma cidade também é verdade para sua cabeça e em seu coração. Sem uma limpeza regular, sua alma se infestará com pensamentos fétidos e sentimentos podres que se acumulam com o tempo. Toda vez que baixo a guarda e deixo *Evilevi* tomar a direção, ele deixa lixo em todo canto, e esse lixo precisa ir para algum lugar. Ao trazer os sentimentos medíocres a Deus no momento em que os identifico, evito que meu *alter ego* apareça em primeiro lugar. Se for para você operar no nível que Deus quer que você opere, a retirada do lixo emocional e espiritual precisa se tornar uma parte diária de sua vida. O Espírito Santo é o que mostra a você as coisas que precisam sair e quem as leva embora quando você as confessa.

A IMPORTÂNCIA DA LIMPEZA LOCALIZADA

Essa viagem espiritual ao depósito de lixo era o que Jesus tinha em mente durante a última ceia ao lavar os pés dos discípulos. Esses homens estiveram discutindo sobre quem era o maior, e naquele lugar, naquele momento, Jesus lhes exemplificou a verdadeira grandeza inclinando-se para servir-lhes. Ele lhes ensinou o que é a verdadeira liderança: servir às pessoas.

Pedro objetou dizendo que jamais permitiria que Jesus tocasse seus pés. Jesus respondeu: *Se eu não te lavar, não tens parte comigo* (Jo 13.8).

Pedro abrandou e disse: *Senhor, não somente os pés, mas também as mãos e a cabeça* (v. 9). Como alguém que nunca faz as coisas sem entusiasmo, Pedro passou de alguém que não estava disposto a ter os pés lavados para alguém que queria um banho completo, com bucha!

Jesus recusou educadamente e disse: *Quem já se banhou não necessita de lavar senão os pés; quanto ao mais, está todo limpo* (v. 10).

No início, esse versículo era bem confuso para mim. Tenho certeza de que há muitos meninos de 7 anos que o usariam como desculpa na hora do banho: "Jesus falou que eu não preciso de um banho; só preciso lavar os pés!" Torna-se mais claro quando você entende que há duas palavras muito diferentes sendo usadas aqui para "lavar". Uma indica o corpo inteiro sendo limpo em um banho, da cabeça aos pés. A outra descreve uma limpeza localizada, em que depois de uma lavagem completa você limparia a parte do corpo que se tornou suja.

Naqueles dias, era costume tomar um banho e limpar tudo antes de ir para a casa de alguém ou a uma festa. Porém, como as pessoas usavam sandálias, ao caminharem em ruas sujas, seus pés ficavam sujos. Ao chegarem, estariam limpas, exceto os pés. Somente os pés precisariam ser lavados para que fossem restauradas à condição de totalmente limpas.

Em nível espiritual, Jesus está descrevendo duas lavagens distintas: uma feita uma vez, para ficar totalmente limpo, e a outra feita conforme a necessidade, de maneira constante. A primeira lavagem acontece quando você se torna um cristão. Tito 3.5 diz: *Não por obras de justiça praticadas por nós, mas segundo sua misericórdia, ele nos salvou mediante o lavar regenerador e renovador do Espírito Santo.*

A salvação é mais poderosa do que qualquer sabão comprado no mercado hoje em dia. Melhor que o Tide, Omo, Tixan, Brilhante, ou qualquer água sanitária. Jesus lavou nossos pecados com seu sangue, o único agente de limpeza que pode fazer o trabalho. Tão eficaz que precisa ser feito uma única vez.

A segunda lavagem é uma lavagem localizada para cuidar das coisas diárias que nos chegam, que vêm de andar em um mundo sujo e malvado. Nosso coração foi esfregado, mas ainda podemos ser contaminados por qualquer coisa que acumula: pensamentos, filmes, conversas, *sites* e daí por diante.

Nossa alma precisa ser limpa desses tipos de coisas diariamente, em uma viagem regular para o depósito de lixo. Para limpar qualquer mancha, o tempo é fundamental. Quanto mais tempo a mancha fica, mais é difícil tirá-la. Caso contrário, a sujeira endurecida enrijece e calcifica.

Esse princípio é sensato quando se trata de cada área da vida. Em suas finanças: não deixe os recibos virarem bagunça; faça o balanço dos débitos e créditos frequentemente. Em sua saúde: muitos fazem dietas radicais por alguns meses, e depois nada; melhor fazer um pouco cada dia. O mesmo acontece com sua alma: atenção diária é a melhor maneira de ir adiante. Robert Murray McCheyne, o grande pregador escocês, escreveu: "Jamais devo pensar que um pecado seja pequeno demais para precisar da aplicação imediata do sangue de Cristo."[2]

E não confie em injeção de reforço espiritual semanal, ou seja, ir à igreja no domingo para encher o tanque de modo que possa negligenciar o resto da semana. As manchas vão começar a impregnar. Use a abordagem da caneta removedora de manchas da Tide.

Aqui estão quatro maneiras de deixar Jesus fazer uma limpeza localizada em seu coração:

1. PASSE TEMPO COM ELE EM SUA PALAVRA

Salmo 119.9 pergunta: *De que maneira poderá o jovem guardar puro o seu caminho? Observando-o segundo a tua palavra.* Qual foi a última vez que você abriu sua Bíblia?

Um velho sábio disse a um menino: — Há dois lobos sempre lutando dentro de mim. Um está cheio de ira, ódio, ciúme, vergonha e mentiras. O outro lobo está cheio de amor, alegria, verdade e paz. Essa batalha se espalha dentro de você e de todos os homens.

O menino pensou por um instante e perguntou: — Qual lobo vencerá?

O ancião respondeu: — O que você alimentar.

Precisamos que a Palavra de Deus nos dê combustível para que o lobo certo se levante e o errado morra de fome.

2. ORE E FALE COM ELE DURANTE O DIA TODO

Diálogo constante, por meio de instantes de comunicação, é uma ótima maneira de se manter em contato com seu Pai celestial. Você pode falar com ele honestamente, em qualquer lugar e sobre qualquer coisa. Ele está lá. Apenas tire a máscara. Pare de fingir. Pare de se esconder. Fale a verdade. É tão boa a sensação de ser perdoado, e permite que você seja originalmente você: quebrado, mas amado; maculado, mas escolhido; de coração pesado, mas sendo curado. Você não pode ser saudável e santo sem aliviar o coração perante o Senhor.

3. OUÇA MÚSICA E PODCASTS DE LOUVOR

Vivemos numa era incrivelmente tecnológica. Mesmo quando estiver deslocando-se de um lugar a outro, você pode aprender o discipulado digital. Se entrar nessa, ficará animado com o trânsito porque poderá acabar de ouvir uma mensagem ou ir cantando com sua banda de louvor favorita.

4. SIRVA NA SUA IGREJA

Quando achar um lugar no corpo local de crentes, será mais provável que você permaneça na missão e lute contra a letargia que vem de ficar sentado demais. Também evitará que você seja um consumidor em sua igreja e o transformará em um contribuinte.

Cada uma dessas estratégias o ajudará a manter a garagem de seu coração desentulhada.

VOCÊ NÃO PODE SER SAUDÁVEL E SANTO ∗ SEM ∗ ALIVIAR O CORAÇÃO PERANTE O SENHOR

Um Alicerce Sobre o Qual Você Pode Construir

Recentemente, enquanto assistia a um episódio do programa *60 Minutes*, fui lembrado da importância de estar ancorado. O segmento era sobre a Torre Millennium, com 196 metros, em San Francisco.[3] Construídos de cimento armado envoltos em vidro e ao custo de US$ 550 milhões, os 58 andares são repletos de unidades luxuosas que ostentam todo o conforto possível para atrair os magnatas da tecnologia do vale do Silício e os investidores de risco que vêm aos bandos para a região da baía. Até mesmo o lendário quarto zagueiro Joe Montana do 49ers comprou uma unidade. As menores unidades, com dois quartos, são vendidas por milhões.

Quando inaugurado, era o edifício residencial mais alto a oeste do Mississippi. Ganhou inúmeros prêmios, vários deles simplesmente por sua construção sofisticada. É totalmente incrível. Só tem um problema: o edifício está afundando. Até agora baixou 43 centímetros. Também está inclinando 35,5 centímetros a noroeste. Até mesmo enquanto escrevo, ele está sendo engolido pela terra, devagar, mas certamente está, a uma taxa de 4 a 5 centímetros por ano.

Para demonstrar o efeito, alguns moradores rolaram uma bolinha de gude no piso caro de madeira do condomínio. No meio do caminho, a bolinha de gude parou, deu meia-volta e começou a retornar para a direção em que o edifício está inclinando.

A cidade de San Francisco e seus engenheiros afirmaram que o edifício é seguro, mesmo no caso de um terremoto, mas muitos estão céticos. As pessoas estão vendendo suas unidades e perdendo milhões; estão vendendo pela metade do que compraram.

Então, qual é o problema? O alicerce não está ancorado em base sólida. Quando foi construído, os engenheiros desceram a 24 metros de profundidade em uma camada de areia. Porém, é preciso descer pelo menos 60 metros pelas camadas da história que remontam ao terremoto de 1906 e à corrida do ouro para se chegar à base sólida. O que eles podem fazer para consertar isso?

Uma das soluções em estudo é congelar perpetuamente o solo abaixo do edifício, a fim de tentar enrijecê-lo. Outra é remover vinte andares do topo do edifício para reduzir o peso. É claro, o jeito mais certo é colocá-lo de alguma maneira sobre pilhas de rochas, mas como se perfura embaixo de um arranha-céu com milhares de pessoas morando nele? E quem paga por isso tudo?

A moral da história é que, se quiser subir alto e ser capaz de suportar o estresse da vida, você precisa construir sua laje sobre algo sólido. Óbvio, foi exatamente isso que Jesus disse em uma de suas parábolas mais famosas:

> *As palavras que digo não são meros adendos ao seu estilo de vida, como a reforma de uma casa, que resulta em melhoria de padrão. Elas são o próprio*

alicerce, a base de sua vida. Se vocês puserem essas palavras em prática, serão como pedreiros competentes, que constroem sua casa sobre a solidez da rocha. A chuva cai, o rio avança e o vento sopra forte, mas nada derruba aquela construção. Ela está fundamentada na rocha.

Mas, se vocês usarem minhas palavras apenas para fazer estudo bíblico, sem nunca aplicá-las à própria vida, não passarão de pedreiros tolos, que constroem sua casa sobre a areia da praia. Quando for atingida pela tempestade e pelas ondas, ela irá desmoronar como um castelo de areia (Mt 7.24-27, *A mensagem*).

É importante continuar trazendo ao Senhor tudo que acumulamos em nossa vida. Você pode até transformar em exercício espiritual a retirada do lixo real de sua casa. Toda vez que pegar um saco de lixo e se direcionar às latas de lixo que estão na garagem, verifique a lista do que precisa ser descartado em sua alma:

- Você está se sentindo com o coração pesado?
- Você se sente deixado de fora?
- Você está desanimado?
- O que você está suprimindo ou pelo que está se sentindo culpado?
- O que o seu *alter ego* tem tramado ultimamente?
- Você está com medo de quê?

Livre-se disso entregando tudo a Deus, e você será sincronizado e preparado para receber a alimentação *phantom power* que ele quer lhe dar.

Agora, se você me desculpar, tenho café para fazer e uma caixa com embalagens de papelão para cuidar.

Conclusão

O Ás de Espadas

Preciso estudar política e guerra para que meus filhos possam ter a liberdade de estudar matemática e filosofia. Meus filhos precisam estudar matemática, filosofia, geografia, história natural, arquitetura naval, navegação, comércio e agricultura, a fim de dar aos filhos deles o direito de estudar pintura, poesia, música, arquitetura, estatuária, tapeçaria e porcelana.[1]
— John Adams

No passado, havia uma estátua imponente do rei George III no coração da cidade de Nova York. É difícil imaginar uma coisa assim nos dias de hoje, mas, quando éramos parte do Império Britânico, a estátua pousava proeminentemente no coração de Manhattan, e seu significado era inexorável. Éramos súditos do rei. Uma descrição detalhada nos fala de como era:

O monarca tem 2,75 metros de altura, é feito de chumbo e ouro, e está sentado sobre um cavalo proporcionalmente grande. Sob os dois, um pedestal de mármore de 4,5 metros de altura. Imitando uma estátua italiana do imperador romano Marco Aurélio, o escultor Joseph Wilton desejava que ela pudesse "supor metaforicamente e, na realidade, almejar a sabedoria e grandeza do antigo líder estoico e pensador"[2].

A estátua ficava do lado de fora do local em que George Washington estabeleceu seu quartel-general no início da Guerra da Independência. Ele havia mudado o Congresso Continental para Nova York depois de os colonos conseguirem expulsar os britânicos de Boston. Ele esperava conseguir manter o controle da cidade, mas não conseguiu, e os britânicos controlaram Nova York durante a maior parte da guerra.

Durante essa ocupação de curta duração, a cidade ficou grandemente dividida. Os tradicionalistas devotados à Coroa informavam os movimentos de Washington e os posicionamentos da artilharia aos britânicos. Alguns temiam que a estátua fosse danificada, por isso colocaram uma cerca de ferro forjado em volta para protegê-la.

A Declaração da Independência escrita por Thomas Jefferson e assinada pelo Congresso Continental foi lida em todas as colônias. Sua mensagem logo ricocheteou pelo mundo. O general Washington reuniu seus exércitos e leu o documento em voz alta para eles. Em seguida, irrompeu-se uma grande celebração, e um bando de soldados embriagados e descontrolados, além de cidadãos patriotas, desceram a Broadway entusiasmados para derrubar a estátua do rei.

O historiador David McCullough descreveu a cena: "Com cordas e barras, eles puseram abaixo a estátua de chumbo coberta em ouro de George III em seu cavalo colossal. Em sua fúria, a multidão picou a cabeça do soberano, cortou-lhe o nariz, cortou os louros que a coroavam e o que restou dela eles enfiaram em um espeto fora da taverna."[3] O rei George III foi destronado sem cerimônia e sem equívoco.

Essa cena momentosa capta o fim da briga por poder e a devida remoção dos vestígios da autoridade anterior. A estátua do monarca simbolizava quem estava no controle. Assim é com o seu coração: Seja quem ou o que for que se assente no trono do seu coração, é ele que controla sua vida.

ℙENSAMENTOS IDÓLATRAS

Em última análise, a guerra de que temos falado em todo este livro é a busca por eliminar a idolatria. No final das contas, todos os nossos problemas são problemas de adoração. Nosso amor pela atenção nos faz valorizar mais outras pessoas do que valorizamos Jesus. Nosso amor por coisas significa que amamos as posses mais do que amamos Jesus. Nossas lutas com a ousadia nos fazem adorar o conforto mais do que adorar a Jesus. E assim segue.

A boa notícia é que, já que a adoração o coloca nessa bagunça, ela pode tirá-lo dela. Para vencer a batalha, temos de pôr abaixo as coisas que foram erigidas em lugares que pertencem somente a Deus, no lugar preeminente de honra, valor e

ADORAÇÃO NÃO APENAS VENCE A GUERRA

ADORAÇÃO É A GUERRA

172 EU DECLARO GUERRA

glória. Continuar colocando Deus no trono e banir os pretensos reis é uma batalha diária, mas é também a única maneira de lidar com os próprios obstáculos, parar de sabotar a si mesmo e agarrar a vitória.

Você deve ter visto imagens de marinheiros no Vietnã com as cartas ás de espadas no capacete.[4] As tropas norte-americanas ouviram que os soldados do Viet Cong eram supersticiosos em relação ao símbolo da espada e viam como mau agouro o dar de cara com tal símbolo. Então, tornou-se prática comum deixar um ás de espadas no corpo de vietnamitas mortos, e até mesmo entulhar de cartas os terrenos e campos arborizados, numa tentativa de amedrontá-los e evitar uma troca de tiros. Alguns soldados até escreveram para a Companhia de Baralho dos Estados Unidos e solicitaram jogos modificados, contendo nada mais que a carta ás de espadas para que pudessem usá-las em sua guerra psicológica. Adoração não apenas vence a guerra; adoração é a guerra. É o ás de espadas.

Os ídolos prometem liberdade, mas trazem escravidão. Eles nos dizem que seremos independentes, mas nos deixam curvando de medo, como Adão e Eva depois de comer o fruto proibido. À medida que batalha contra as coisas que se elevam acima de Jesus, você entra na verdadeira ousadia da adoração autêntica. E quando é genuinamente você mesmo e caminha de modo humilde como seguidor de Jesus, você consegue viver em confiança, sem medo, distração, depressão, ansiedade, preocupação, arrependimentos, brigas, vícios, escuridão, egoísmo, autossabotagem, narcisismo, a versão refém que não quer ser de você mesmo, ou qualquer outra coisa que entrar em seu caminho e dificultar seu crescimento. Desenhe uma linha na areia, uma linha carmesim pintada com o sangue de Jesus, e decida que o ciclo termina com você. Seus filhos não precisam herdar de você o que você mesmo herdou de seus pais. Dê a si mesmo para a guerra para que eles não tenham de fazê-lo.

Ouça essas palavras de poder que Davi escreveu no Salmo 91:

> *O que habita no esconderijo*
> *do Altíssimo*
> *e descansa à sombra do Onipotente*
> *diz ao* SENHOR:
> *Meu refúgio e meu baluarte,*
> *Deus meu, em quem confio.* [...]
>
> *Não te assustarás do terror noturno,*
> *nem da seta que voa de dia,*
> *nem da peste que se propaga nas trevas,*
> *nem da mortandade*
> *que assola ao meio-dia.*

> *Caiam mil ao teu lado,*
> *e dez mil, à tua direita;*
> *tu não serás atingido.*
> *Somente com os teus olhos contemplarás*
> *e verás o castigo dos ímpios.*
> *Pois disseste: O Senhor é o meu refúgio.*
> *Fizeste do Altíssimo a tua morada* (Sl 91.1,2,5-9).

Você entendeu? Promessas de Deus, de que, se você o tornar o seu Deus, não precisará ter medo do terror noturno! Para alguém que lutou com o medo a vida toda, isso é maravilhosamente libertador. Pensamentos assustadores e sonhos ruins têm sido problemas para mim todos os meus dias. O "terror noturno" de que Davi fala tem sido uma grande fonte de ansiedade e roubado muita paz. Porém, se eu *habitar no esconderijo do Altíssimo*, não colocando nada acima de Deus em meu coração, então o terror noturno não poderá me tocar.

As três leis da floresta

Quanto mais tenho aprendido a destruir os impostores em meu coração e preparar o caminho para o Senhor em meu espírito, mais paz tenho experimentado. Porém, até mesmo nos meus melhores dias meu medo não se foi completamente, e eu não espero que se vá até eu ir para o céu. Como isso corresponde à promessa de Deus no Salmo 91?

Não perca isto, porque é uma distinção imensa: *Só porque você não precisa temer o mal,* não significa que jamais sentirá medo. Proteção não é o mesmo que isenção. E o que é prometido a você não é a isenção de ataque, em que você jamais passará por dias ruins ou pesadelos, mas, sim, a proteção contra qualquer coisa que ocorra com você. Seguir a Jesus não coloca você em um camarote luxuoso, assistindo às coisas acontecerem lá de cima, enquanto saboreia confortavelmente um champanhe e come canapés. Você estará envolvido, sua face manchada de pó, suor e sujeira à medida que entra com tudo na arena, sabendo que Deus vai adiante e também permanece na retaguarda.

Suas narinas estarão cheias de fumaça e do cheiro acobreado de sangue à medida que seus inimigos invisíveis se aproximarem o bastante para fazer você se sentir como se estivesse em perigo. O suporte espiritual que Deus oferece não é uma torre de marfim de isenção ou uma sala purificada com filtro HEPA, ou um traje de bolha hermeticamente fechado; é uma falange protetora viva e ativa em uma situação arriscada de combate. Seguir a Deus significa estar na linha de frente de uma batalha e saber que ele está na retaguarda e de olho nos ataques que vêm de trás, da parte do inimigo.

174 EU DECLARO GUERRA

Podemos ver como isso aconteceu gradualmente na vida de Jesus. Deus o trouxe em segurança das batalhas que ele enfrentou, inclusive a morte, mas isso não significa que ele nunca foi atacado. Muito pelo contrário; os inimigos se opunham a ele com regularidade. Na realidade, seu ministério público foi marcado por dois episódios extremos: a tentação no deserto e seu sofrimento no jardim de Getsêmani.

Marcos escreveu sobre a tentação de Jesus: *E logo o Espírito o impeliu para o deserto, onde permaneceu quarenta dias, sendo tentado por Satanás; estava com as feras, mas os anjos o serviam* (1.12,13). Por um período de quase seis semanas, Satanás tentou Jesus constantemente, travando uma batalha ininterrupta por 24 horas. Durante esses dias de terror no deserto, pensamentos terríveis passaram pela cabeça de Jesus: *Você deveria adorar Satanás. Você deveria se jogar desse edifício. Você deveria desistir de morrer na cruz. E* (é assim que eu sei que Jesus ter-se feito carne foi legítimo e que ele era totalmente humano) *você deveria abandonar sua dieta e comer carboidratos!*

Esses tipos de pensamento roubam a paz e causam terror. (E é curioso que eles são parecidos com os tipos de coisas assustadoras que tenho na mente quando deveria estar dormindo.) Se Jesus tivesse cedido, essas coisas o teriam tirado do caminho que Deus tinha em mente para a vida dele.

Perto do fim de seu ministério, Jesus experimentou desespero no jardim de Getsêmani. *Ele mergulhou em grande agonia* (Mc 14.33, *A mensagem*). Foi tão esmagado por seus pensamentos, por toda essa cena final, que vasos sanguíneos começaram a estourar sob a pele e o sangue começou a entrar nas glândulas sudoríparas.

O que Jesus fez nessas situações, quando precisou atravessar a cerca de arame farpado e se levantar da posição de joelhos com o lobo no coração? Três chaves surgem dessas duas histórias.

Primeira, toda vez que o diabo atacou Jesus no deserto, ele respondeu citando a Palavra de Deus. Ele confrontou as mentiras com a verdade, dizendo: "Está escrito, está escrito, está escrito". Estas palavras foram suas armas de proteção. É interessante que o registro dessa interação não diz que ele puxou a Bíblia e procurou um versículo. Ele tinha essas palavras escritas na memória.

Posicionar a Palavra de Deus diante de você como uma sentinela que guarda uma cidadela permite que você defenda as fronteiras proativamente.

Encher seu coração com a verdade faz com que ele seja inóspito ao terror. Quando seu coração estiver mergulhado em louvor e encharcado na Bíblia, o inimigo não conseguirá progredir. A água viva e o óleo do Santo Espírito de Deus farão com que as armas do inimigo batam em retirada.

Se você deixar comida para fora, atrairá insetos. O que você está deixando para fora que atrai preocupação e medo? Se estiver permitindo pensamentos negativos, se estiver permitindo murmuração, se você for cínico, se for fofo-queiro, se tiver a mentalidade do copo meio vazio, se for egoísta, se for orgulhoso, todas essas coisas são obras da carne. O terror tem o controle total dessas coisas, e nunca estará satisfeito.

Livre-se das coisas com as quais o terror obtém sucesso. Mate de fome o lobo do medo e alimente o seu espírito. As Escrituras dão retaguarda ao perímetro e não dão nada para o inimigo comer.

Segundo, quando estava nas garras do terror noturno, Jesus falou do que tinha medo para Deus. Ele ajoelhou-se e disse a seu Pai: *Estou com medo da missão que tu me deste. Sei que queres que eu faça isso, mas estou aterrorizado. Poderia pegar outra pessoa? Poderia encontrar outra maneira?*

Ele deu nome ao seu medo e, à medida que o verbalizava, distanciava-se dele. O inimigo quer isolar você em um laço de solidão, dando voltas, voltas e voltas em sua mente. Ele espera que você mantenha seu medo em segredo; assim, ele pode asfixiá-lo, sufocá-lo e roubar sua paz em silêncio. No momento em que você levar esse medo a Deus, tudo mudará. Trazer o medo para Deus faz com que ele seja visto. Você despejou o medo aos pés do Pai, onde esse medo não tem escolha, a não ser olhar aterrorizado para Deus.

Irá embora aquilo que você teme? Às vezes, sim. Talvez você ore e *bum*! Milagre instantâneo. No caso de Jesus, Deus não mudou seu plano, mas Jesus foi capaz de enfrentar a cruz com a ajuda do Pai. Esta é a maneira de orar: conte para Deus o seu medo, mas use um tom que diga: não seja feita a minha vontade, mas a tua (cf. Lc 22.42, *NVI*).

Finalmente, Jesus acordou seus amigos. Ele deu dez passos até onde os discípulos estavam dormindo e disse, efetivamente: "Ei, Pedro, Tiago e João, estou com medo e realmente sozinho. Vocês estarem comigo neste momento significaria muito. Eu estive orando, mas talvez vocês pudessem fazer uma oração por mim também" (Mt 26.36-41, paráfrase do autor). Jesus certamente entendeu o poder da alcateia.

Você sabe quanta força vem de ter pessoas que oram em seu favor? Como crianças, tínhamos o bom senso de acordar nossos pais quando tínhamos pesadelos. Porém, em algum lugar ao longo da jornada, deixamos de falar aos outros que estamos com medo. Se o Filho de Deus sabia acordar um grupinho de amigos e pedir que orassem por ele, por que estamos vivendo um pesadelo que não contamos para ninguém? Você está deixando degringolar porque não tem pessoas que acordariam para orar se soubessem o que está acontecendo?

Ter pessoas assim ao seu redor pode literalmente salvar sua vida. Um estudo revelou que passar por três ou mais incidentes de estresse intenso no prazo de um ano (problema financeiro grave, ser despedido, divórcio etc.) triplica a taxa de mortalidade em homens de meia-idade, socialmente isolados, mas não tem impacto na taxa de mortalidade de homens que têm muitos relacionamentos íntimos.[5] Como escreveu Rudyard Kipling: "A força da Alcateia é o Lobo, e a força do Lobo é a Alcateia."[6]

Eu experimentei o poder de vida ou morte da amizade numa época muito mais remota do que a meia-idade. Quando estava no primeiro ano da faculdade e tinha acabado de entregar minha vida a Jesus, houve um período tão escuro que eu passava mal com pensamentos de autoflagelo. Não era que eu *queria* me matar; eu apenas tinha pensamentos que me diziam que eu *ia fazer isso*.

Certa noite em que estava sozinho, eu não consegui me livrar do pensamento: *Você vai se matar. Você vai se matar. Você vai se matar*. E tentei orar, tentei pedir para Deus me ajudar. Finalmente, liguei para a líder do meu grupo de jovens e disse a ela o que estava acontecendo.

"Sinto como se uma força das trevas estivesse me asfixiando com pensamentos de morte pelas minhas mãos, e não sei o que fazer. Estou aterrorizado neste momento, como se o inimigo fosse me destruir." Comecei a chorar. Muitas vezes, eu quis falar para alguém, mas sentia como se não pudesse ou como se estivesse admitindo ter feito algo errado. Compartilhar esses medos com outra pessoa foi a coisa mais maravilhosamente aliviadora da vida.

A líder percebeu imediatamente que eu estava sob ataque espiritual, falou palavras a meu respeito e acerca do meu futuro que transbordavam vida e orou por mim. Então ela me deu dois versículos e me disse para memorizá-los e repeti-los várias vezes, sempre que aquele tipo de pensamento viesse à tona:

> *Tu, Senhor, conservarás em perfeita paz aquele cujo propósito é firme;*
> *porque ele confia em ti* (Is 26.3).
> *Os céus e a terra tomo, hoje, por testemunhas contra ti, que te propus*
> *a vida e a morte, a bênção e a maldição; escolhe, pois, a vida,*
> *para que vivas, tu e a tua descendência, amando o Senhor,*
> *teu Deus, dando ouvidos à Sua voz e apegando-te a Ele; pois disto*
> *depende a tua vida e a tua longevidade; para que habites na terra*
> *que o Senhor, sob juramento, prometeu dar a teus pais, Abraão,*
> *Isaque e Jacó* (Dt 30.19,20).

Dar-me aqueles versículos foi como dar uma corda a um homem que estava afogando-se. Por anos, eles foram a defesa a que eu recorria quando estava sob ataque pesado.

Naquela época, eu também descobri como usar o louvor para controlar a atmosfera à minha volta. Descobri que não podia ir dormir sem ouvir uma música do Delirious?: *What a friend I've found* [Que amigo encontrei] do álbum *Live & In the can*. Eu colocava essa trilha para "repetir" no meu *CD player* e ponderava as palavras desses versículos em minha mente. Minha filha caçula, Clover, luta com pesadelos atualmente e encontrou consolo cantando para si mesma a música *Tremble* [Tremer] do Mosaic MSC enquanto aconchega-se em seu paninho de ninar.

Os pensamentos não podem ser apagados; precisam ser substituídos. Você precisa criar uma nova trilha para a trilha sonora da sua vida e deixar que ela seja louvor, que seja adoração, que seja fé, e não medo, porque medo é fé no inimigo.

Agora que sei o que fazer no momento em que pensamentos intrusivos começam, eles não têm sido tão intensos. De vez em quando, tenho erupções de medo, quase sempre em momentos cruciais, quando Deus está para fazer algo grande. Minha ansiedade foi extrema na semana que antecedeu a partida de minha filha Lenya para o céu — e acho que foi porque muitas pessoas estavam prestes a conhecer Jesus por meio dos caminhos que Deus aumentaria o volume de nossa vida usando um microfone chamado dor. Também aumentou intensamente nas poucas semanas antes de abrirmos um *campus* da *Fresh Life* em Salt Lake City. Lembro-me de também ter sido bem ruim em 2017, quando voei para Atlanta para falar a estudantes de todos os cantos do país na conferência Passion, realizada no Georgia Dome.

Minha esposa é a gângster mais confiável na vida. Eu a acordo quando estou com medo, e ela faz o mesmo comigo. Nunca deixamos que um ou o outro sofra sozinho. Os lobos são conhecidos por regurgitar intencionalmente o alce, o veado ou o que quer que tenham matado para alimentar os membros velhos, jovens ou feridos da alcateia que não podem sair por si mesmos para a caça. É vital deixar as pessoas saberem que você está sofrendo, para que elas possam ser fortes onde você estiver fraco.

Use as Escrituras; fale a Deus sobre seu medo; acorde as pessoas. Essas são as três coisas que Jesus exemplificou para nós. Elas salvaram a minha vida e podem fazer o mesmo em relação a você.

A MELHOR DEFESA É UM BOM ATAQUE

Defender-se contra o mal é muito importante, mas, quando chegam os tempos de escuridão, você não pode esquecer de retaliar adequadamente.

Escrevi este livro inteiro como uma desculpa para lhe dizer isto: quando o inimigo o perturba, é um erro da parte dele. Porque toda vez que luta contra alguma coisa, ele está deixando você ver as cartas dele e então você pode ver o que importa para ele.

A única razão pela qual o inimigo viria contra você é porque ele vê valor em você. A única razão por que ele tentaria forçar você a pensar algo como *Eu sou inútil* ou *Ninguém me quer em seu time* ou *Eu nunca vou vencer* ou *Eu cheiro mal,*

USE
AS ESCRITURAS

FALE A DEUS
SOBRE SEU
MEDO

ACORDE AS
PESSOAS

CONCLUSÃO   179

é porque *não é verdade*, e ele quer que você se lance para fora do caminho de grandeza que lhe foi dado por Deus.

É por você ser precioso que ele tenta fazer você se sentir sem valor. É por você dever escolher a vida que ele tenta sugerir que você deve escolher a morte. Qualquer coisa que ele disser é o oposto, porque ele é um mentiroso. Jesus sabia disso. *Se Satanás me disser para eu me jogar do templo, não farei isso. Se disser para eu cair a seus pés e adorá-lo e não ir para a cruz, então eu vou me levantar e ir para a cruz. Eu vou fazer o meu rosto como um seixo em direção a Jerusalém* (cf. Is 50.7).

Se Satanás disser que vai me dar tudo em um instante para que eu possa ter gratificação imediata e não esperar Deus me dar o que ele quer me dar, eu não vou ouvir. Se ele disser para eu pegar um atalho, em vez disso pegarei a estrada difícil.

O diabo se opõe àquilo de que tem medo. Por isso, deixe seu temor ajudar você a farejar o que ele está tentando extinguir. Deixe que seja uma ferramenta de diagnóstico para determinar seu chamado.

Levante-se e faça exatamente o que o diabo não quer que você faça. Recuse-se a "entrar na noite acolhedora com doçura". Não seja levado sem uma luta. No *jiu-jitsu*, você usa a força e energia do oponente contra ele. Igualmente, ao experimentar terror durante a escuridão, torne-se uma fonte de terror para o reino das trevas. É o "terror-*jitsu*".

Eu tenho literalmente falado em voz alta: "Parece que o inimigo não quer que façamos isso. Devemos estar no processo de algo importante. Por isso, não faremos apenas isso, mas faremos aquele outro também".

Você é escolhido. Você é amado. Você é chamado. Você é equipado. Você é parte da linhagem espiritual de Abraão, Isaque e Jacó. Você está destinado a habitar a terra e alimentar-se da fidelidade de Deus. Você está destinado a mostrar vida para as pessoas que estão sofrendo.

Você está destinado a encorajar aqueles que estão exaustos e dar o pão da vida aos que estão famintos. Você está destinado a desbravar, criar, liderar, projetar, inventar, cantar, dançar e escrever. Você cairá e voltará novamente; aprenderá com seus erros e ficará cada vez mais sábio, forte e corajoso. Quando seu tempo aqui na terra findar, você está destinado a deixar um legado que ressoará pelas eras e tocará milhares na eternidade.

Quando o inimigo tentar vir asfixiar você, levante-se com fé e faça tudo que ele está tentando fazer você não relizar, faça com duas vezes mais decisão e dez vezes mais determinação, confiando no poder do Espírito Santo. Quando estiver cheio de pensamentos ansiosos, preocupação, batalha espiritual e pressão dos colegas do mundo, e parecer que tem um turbilhão de coisas em sua cabeça, não recue; redobre as forças. Há pessoas em sua visão periférica que precisam ser notadas, e se prestar atenção nelas, em vez de querer que o mundo preste atenção em você, achará um jeito de usar coisas que Deus colocou dentro de você e que estão sendo negligenciadas. Ao destruírem a imensa estátua do rei George em Manhattan, os americanos se divertiram enquanto celebravam a recém-declarada independência. Visto que a estátua não lhes pertencia, era correto que a devolvessem aos britânicos, de modo que foi exatamente isso que fizeram, derretendo-a, transformando o chumbo em balas e devolvendo uma bala de mosquete por vez.

Não apenas descarte as fortalezas e os ídolos contra os quais Jesus lhe dá poder para travar guerra. Derreta o que foi destruído e transforme em munição para que possa atirar nas linhas inimigas.

Devo admitir que estou um pouco nostálgico por saber que nosso tempo junto acabou. Ao entregar em suas mãos o capacete (com um ás de espadas colado nele para dar "boa sorte"), quero que saiba quanto me deleitei em compartilhar tudo isso com você. Eu atravessei o arame farpado para lhe trazer informação, e agora você também precisa atravessá-lo. O livro acabou, mas a sua missão só começou. Eu não posso lutar essa batalha por você, mas estarei aqui qualquer hora em que você precisar puxar este livro e examiná-lo novamente. Trata-se de uma jornada que você precisa estar disposto a assumir por si mesmo. Eu acredito em você, a versão que você nasceu para ser de si mesmo. Você pode fazer isso. Não será fácil, rápido nem indolor, mas você *pode* fazê-lo.

Um último e rápido conselho antes de você partir: Uma instrutora de boxe explicou certa vez a diferença entre um *cruzado* (em que você bate forte com um soco direto) e um *jab* (em que você manda um soco rápido e leve, que é mais para distrair do que para machucar). Ela disse algo que eu acho que o colocará na mentalidade correta na medida em que se levantar como o lobo guerreiro provedor que você nasceu para ser: "O *jab* os mantém ocupados, mas o cruzado é o seu poder".

O JAB OS MANTÉM OCUPADOS MAS O CRUZADO É O SEU PODER

AGRADECIMENTOS

O famoso astronauta John Glenn disse certa vez: "Eu fui à lua, mas 400.000 deram suporte na Nasa; logo, todos nós fomos à lua". É bem assim que eu me sinto em relação a este livro. Sim, eu era o que estava usando armações de óculos Warby Parker sem prescrição médica, começando a digitar nas teclas do computador tentando não sucumbir à paralisia por análise, que se instala quando se pensa demais nas coisas. Porém, meu elenco coadjuvante é extenso, e sou extrema e imensamente grato por isso. Todos nós fomos à lua.

Eu iniciei quase todas as sessões de escrita deste livro ao som de *808s and heartbreak*, de Kanye West. Este álbum se tornou a campainha que dizia para minha mente maldosa ir dar uma caminhada, a fim de que o "eu" que estou sempre com medo de ser pudesse assumir a direção. Obrigado, Kanye, por um álbum incrivelmente verdadeiro.

Obrigado, Lysa TerKeurst e sua equipe incrível, pelo *feedback* inestimável sobre o manuscrito e toda a sabedoria riquíssima que compartilharam generosamente com nosso time. Fleah foi de longe a pior, mas amamos loucamente o restante de vocês. Sinceramente, este livro ficou melhor por causa de nosso tempo com vocês, e isso é fato.

Obrigado especificamente a cada um na *Fresh Life*, que teve participações ativas no projeto: Alie, Amanda, Chelsea, Elisha, Katelyn, Mckenzie, porém, num sentido mais amplo, obrigado a toda a equipe da *Fresh Life* e à equipe de impacto, por estarem nas trincheiras conosco. Que vida temos para viver, que Salvador temos a quem servir!

Obrigado, Austin, por ser uma amiga e uma agente realmente maravilhosa. Você acreditou neste livro desde o início e tem sido uma aliada leal, firme e consistente nessa aventura insanamente especial de publicação, e eu sou grato a você.

Obrigado, Meaghan, por outro trabalho incrível de edição. As palavras que não estão neste livro tornam ainda mais fortes as que estão. Você realmente matou alguns dos meus queridinhos à medida que o manuscrito sempre crescente de mais de 70.000 palavras transformou-se no formato delgado, compacto, que tem hoje, mas, obrigado por se levantar em defesa do leitor, como disse Jennie: "Alguém tinha de fazê-lo".

Obrigado, Debbie, e toda a equipe W, por seu espírito, paixão e fé constante em minha escrita. Obrigado por sempre tomar a responsabilidade para si. Kristi, você pode ser um empregado voluntário da *Fresh Life* qualquer hora que quiser. Daisy, nós ainda não nos encontramos pessoalmente; se você for uma pessoa real, então obrigado a você também. Se não for, desconsidere, por favor. De qualquer modo, por *e-mail* você parece ser muito gentil; então, se não for real, é mais impressionante ainda.

Mais que tudo, eu agradeço a vocês, Jennie, Alivia, Lenya, Daisy, Clover e Lennox; vocês são meu povo. Vocês tiveram mais encontros com o *Evilevi*, também conhecido como o eu que não quero ser, do que qualquer outra pessoa, e é incrível que ainda assim me toleram. Jamais entenderei. Porém, amo vocês. Onde vocês estiverem, o lar estará. Obrigado por tolerarem o olhar estupefato e nebuloso em minha face quando tentam falar comigo enquanto estou escrevendo.

Tabasco, obrigado por me fazer companhia durante as sessões matutinas.

Obrigado Jesus, por ser o Rei do meu coração e tomar por trunfo toda carta que minha carne, o diabo e o mundo lançam em mim. Obrigado por chamar um menino-rato de seu tesouro e me dar um futuro e uma esperança. É uma honra ter sua alimentação *phantom power* confiada a mim e o privilégio de carregar essa mensagem.

Apêndice A

VERSÍCULOS PARA MEMORIZAR

Aqui estão algumas passagens incríveis para focar quando você precisar expulsar pensamentos malignos. Cada uma encherá sua mente com paz e fará sair os pensamentos que você está tentando remover, da mesma maneira que colocar água em um jarro força todo o ar a sair.

O amor seja sem hipocrisia. Detestai o mal, apegando-vos ao bem. Amai-vos cordialmente uns aos outros com amor fraternal, preferindo-vos em honra uns aos outros. No zelo, não sejais remissos; sede fervorosos de espírito, servindo ao Senhor; regozijai-vos na esperança, sede pacientes na tribulação, na oração, perseverantes (Rm 12.9-12).

O amor nunca desiste.
O amor se preocupa mais com os outros que consigo mesmo.
O amor não quer o que não tem.
O amor não é esnobe,
Não tem a mente soberba,
Não se impõe sobre os outros,
Não age na base do "eu primeiro",
Não perde as estribeiras,
Não contabiliza os pecados dos outros,
Não festeja quando os outros rastejam,
Tem prazer no desabrochar da verdade,
Tolera qualquer coisa,

> *Confia sempre em Deus,*
> *Sempre procura o melhor,*
> *Nunca olha para trás,*
> *Mas prossegue até o fim* (1Co 13.4-7, *A mensagem*).

Mas o fruto do Espírito é: amor, alegria, paz, longanimidade, benignidade, bondade, fidelidade, mansidão, domínio próprio. Contra estas coisas não há lei. E os que são de Cristo Jesus crucificaram a carne, com as suas paixões e concupiscências (Gl 5.22-24).

Pois, onde há inveja e sentimento faccioso, aí há confusão e toda espécie de coisas ruins. A sabedoria, porém, lá do alto é, primeiramente, pura; depois, pacífica, indulgente, tratável, plena de misericórdia e de bons frutos, imparcial, sem fingimento. Ora, é em paz que se semeia o fruto da justiça, para os que promovem a paz (Tg 3.16-18).

> *Ó Deus, tu és o meu Deus forte;*
> *eu te busco ansiosamente;*
> *a minha alma tem sede de ti;*
> *meu corpo te almeja,*
> *como terra árida, exausta, sem água.*
> *Assim, eu te contemplo no santuário,*
> *para ver a tua força e a tua glória.*
> *Porque a tua graça é melhor*
> *do que a vida;*
> *os meus lábios te louvam.*
> *Assim, cumpre-me bendizer-te*
> *enquanto eu viver;*
> *em teu nome, levanto as mãos.*
> *Como de banha e de gordura*
> *farta-se a minha alma;*
> *e, com júbilo nos lábios,*
> *a minha boca te louva,*
> *no meu leito, quando de ti me recordo*
> *e em ti medito, durante a vigília da noite.*
> *Porque tu me tens sido auxílio;*
> *à sombra das tuas asas,*
> *eu canto jubiloso.*
> *A minha alma apega-se a ti;*
> *a tua destra me ampara* (Sl 63.1-8).

APÊNDICE A   187

Por isso mesmo, vós, reunindo toda a vossa diligência, associai com a vossa fé a virtude; com a virtude, o conhecimento; com o conhecimento, o domínio próprio; com o domínio próprio, a perseverança;com a perseverança, a piedade; com a piedade, a fraternidade; com a fraternidade, o amor. Porque estas coisas, existindo em vós e em vós aumentando, fazem com que não sejais nem inativos, nem infrutuosos no pleno conhecimento de nosso Senhor Jesus Cristo (2Pe 1.5-8).

Finalmente, fortaleçam-se no Senhor e no seu forte poder. Vistam toda a armadura de Deus, para poderem ficar firmes contra as ciladas do diabo, pois a nossa luta não é contra seres humanos, mas contra os poderes e autoridades, contra os dominadores deste mundo de trevas, contra as forças espirituais do mal nas regiões celestiais. Por isso, vistam toda a armadura de Deus, para que possam resistir no dia mau e permanecer inabaláveis, depois de terem feito tudo. Assim, mantenham-se firmes, cingindo-se com o cinto da verdade, vestindo a couraça da justiça e tendo os pés calçados com a prontidão do evangelho da paz. Além disso, usem o escudo da fé, com o qual vocês poderão apagar todas as setas inflamadas do maligno. Usem o capacete da salvação e a espada do Espírito, que é a Palavra de Deus. Orem no Espírito em todas as ocasiões, com toda oração e súplica; tendo isso em mente, estejam atentos e perseverem na oração por todos os santos (Ef 6.10-18, *NVI*).

Pois a vossa obediência é conhecida por todos; por isso, me alegro a vosso respeito; e quero que sejais sábios para o bem e símplices para o mal. E o Deus da paz, em breve, esmagará debaixo dos vossos pés a satanás. A graça de nosso Senhor Jesus seja convosco (Rm 16.19,20).

Uma vez que Jesus morreu e venceu a morte, Deus sem dúvida trará de volta à vida os que morreram em Jesus. Então, é o seguinte: podemos dizer com absoluta confiança — temos a orientação do Senhor — que, quando o Senhor voltar para nos levar, aqueles de nós que ainda estiverem vivos não vão deixar os mortos para trás. Na verdade, os mortos ressuscitarão antes. O Senhor mesmo dará o comando. Será um trovão do Arcanjo! O toque da trombeta de Deus! Ele descerá do céu, e os mortos em Cristo vão ressuscitar — eles vão primeiro. Então, o resto de nós, os que ainda estiverem vivos, *serão reunidos com eles nas nuvens para o encontro com o Senhor. Oh, vamos caminhar no ar! Será uma imensa reunião familiar com o Senhor. Por isso, encorajem uns aos outros com essas palavras* (1Ts 4.14-18, *A mensagem*).

EU DECLARO GUERRA

O Senhor é o meu pastor;
nada me faltará.
Ele me faz repousar
em pastos verdejantes.
Leva-me para junto
das águas de descanso;
refrigera-me a alma.
Guia-me pelas veredas da justiça
por amor do seu nome.
Ainda que eu ande
pelo vale da sombra da morte,
não temerei mal nenhum,
porque tu estás comigo;
o teu bordão e o teu cajado
me consolam.
Preparas-me uma mesa
na presença dos meus adversários,
unges-me a cabeça com óleo;
o meu cálice transborda.
Bondade e misericórdia
certamente me seguirão
todos os dias da minha vida;
e habitarei na Casa do Senhor
para todo o sempre (Sl 23.1-6).

Não se turbe o vosso coração; crede em Deus, crede também em mim. Na casa de meu Pai há muitas moradas. Se assim não fora, eu vo-lo teria dito. Pois vou preparar-vos lugar. E, quando eu for e vos preparar lugar, voltarei e vos receberei para mim mesmo, para que, onde eu estou, estejais vós também. E vós sabeis o caminho para onde eu vou (Jo 14.1-4).

Apêndice B

Compêndio de informações inúteis

Quer esteja conversando em um coquetel, quer tentando ganhar o jogo *Jeopardy* ou HQ, estas dicas e informações com certeza ajudam. E mais ainda: elas são um lembrete divertido de todas as coisas que abrangemos aqui.

- **Fatos sobre os lobos**
  - Os lobos são susceptíveis ao bocejo contagiante, o que se acredita estar ligado à empatia.
  - Embora sejam os maiores predadores, os lobos apresentam comportamentos raros de adotar os filhotes órfãos e manter um lugar para os mais velhos em sua sociedade.
  - Os lobos são conhecidos por regurgitar qualquer coisa que tenham matado, a fim de alimentar os membros velhos, jovens ou feridos da alcateia que não podem caçar para si mesmos.

- **Fatos sobre o espaço**
  - A Estação Espacial Internacional (EEI) viaja a 28.163.000 km/h, ou a 8 km/s.
  - A EEI está entre 321 a 402 quilômetros de distância da superfície da Terra.
  - Pela vidraça do módulo Cupola, os astronautas da EEI assistem ao sol nascer e se pôr dezesseis vezes em um dia.
  - Uma nave espacial utiliza mais combustível decolando do que o restante de todo o voo.

EU DECLARO GUERRA

- As pessoas têm em média quinhentos pensamentos intrusivos no prazo de um dia de dezesseis horas, cada um com duração média de catorze segundos.
- A maior espécie vivente de lagartos na Terra, o dragão de Komodo, é capaz de matar porcos e vacas com seu veneno.
- As últimas palavras de Steve Jobs foram: "Oh, uau. Oh, uau. Oh, uau".
- São necessários 72 músculos para se produzir um discurso.
- Você fala em média 16.000 palavras por dia, o que totaliza um número colossal de 860,3 milhões de palavras durante a vida.
- Por causa de uma aposta com seu editor, dr. Seuss escreveu o livro *Ovos verdes e presunto* com apenas cinquenta palavras diferentes.
- O ruído da multidão no estádio causa um impacto verificável no jogo; para cada 10.000 fãs presentes, o time da casa ganha uma vantagem de gol adicional de 0,1.

- **Fatos tirados do livro *Everyday emotional intelligence* [Inteligência emocional cotidiana]**
  - Ser o receptor de grosserias reduz a criatividade em 30% e a originalidade em 25%.
  - Aqueles que observam comportamentos ruins apresentam um desempenho 20% pior em palavras cruzadas e outros.
  - Nossa gama de habilidades emocionais está relativamente definida por volta dos 25 anos, e os comportamentos que nos acompanham são, nessa altura, hábitos profundamente arraigados.

- Quando ouvimos uma história, nosso corpo libera cortisol, um hormônio do estresse, que não é varrido de nosso organismo até que haja uma resolução.
- Nosso cérebro reconhece a estrutura familiar de começo, meio e fim de uma história e nos recompensa por decifrar qualquer ambiguidade. Ganhamos uma recompensa de dopamina toda vez que nosso cérebro nos ajuda a entender alguma coisa em nosso mundo, mesmo que essa explicação seja incompleta ou errada.

- **Fatos das mídias sociais**
  - Os americanos gastam até cinco horas por dia em seus telefones, que somam até 150 horas por mês e aproximadamente catorze anos no decorrer de uma vida.
  - Obtemos a mesma resposta de dopamina das "curtidas", textos, notificações e *e-mails* que recebemos quando jogamos.

Apêndice B   191

- Os peritos admitem tais práticas como reter as curtidas até o momento em que os algoritmos indiquem haver maior probabilidade de você gastar um bom período de tempo no dispositivo.

- Cerca de 45% de nossas ações diárias são hábitos.

- **Fatos sobre Thomas Jefferson**
  - Era um advogado, pesquisador, meteorologista apaixonado, botânico, agrônomo, arqueólogo, paleontologista, etnólogo do indígena americano, classista e arquiteto brilhante.
  - Escreveu a Declaração da Independência quando tinha 33 anos.

- Aqueles que escrevem seus objetivos no papel têm 42% maiores probabilidades de realizá-los e durante a vida ganham nove vezes mais do que as pessoas que não fazem isso.
- Hans van Leeuwen, um físico, descobriu que, cada vez que um dominó cai, ele gera uma força suficiente para fazer cair um dominó com duas vezes o seu tamanho.
- O recorde mundial de números de dobradas de uma folha de papel é doze.
- Vinte por cento de todo o oxigênio que você respira vai para o cérebro.
- Quando seu coração estiver batendo a aproximadamente 120 por minuto, você não entenderá e reagirá com a mesma rapidez. A 150 Bpm, sua mente desliga.
- A energia nervosa geralmente faz você se curvar, contrair o queixo, colocar as mãos no pescoço ou cruzar os braços. Isso induz a liberação do hormônio do estresse, o cortisol, em seu organismo. Contudo, colocar as mãos nos quadris ou nos ares induz seu corpo a liberar testosterona e seus níveis de cortisol podem cair até 25%.
- Passar por três ou mais incidentes de estresse intenso no prazo de um ano (Ex: problema financeiro grave, ser despedido ou divórcio) triplica a taxa de mortalidade em homens de meia-idade socialmente isolados, mas não tem impacto na taxa de mortalidade de homens que têm muitos relacionamentos íntimos.

ℕotas

Introdução

[1] **"Estar preparado para a guerra":** "From George Washington to the United States Senate and House of Representatives, 8 January 1790", Founders Online, National Archives, última modificação em 1º fevereiro 2018, <http://founders.archives.gov/documents/Washington/05-04-02-0361>.

[2] **"poder da alegria na batalha":** Theodore Roosevelt, "A Colonial Survival", *The cosmopolitan* 14 (Novembro 1892-Abril 1893), 232.

[3] **"tornou-se o soldado mais grandioso":** Edmund Morris, *The rise of Theodore Roosevelt* (1979; repr. New York: Random House, 2001), 674.

[4] **"No momento em que certamente nos comprometemos":** William Hutchison Murrary, *The scotting Himalayan expedition* [A expedição escocesa ao Himalaia] (London: J. M. Dent, 1951), 7.

Capítulo 1: O lobo que você nunca soube que queria ser

[1] **"Quero ficar sozinho":** Paul Lester, "From the bedroom to the universe" [Do quarto para o universo], *Melody maker*, 23 outubro 1993, 29.

[2] **um lobo:** João 10.12.

[3] **um anjo de luz:** 2Coríntios 11.14.

[4] **uma serpente:** Gênesis 3; Apocalipse 12.9; 20.2.

[5] **um leão que ruge:** 1Pedro 5.8.

[6] **prudentes como serpentes:** Mateus 10.16.

EU DECLARO GUERRA

7 **susceptíveis a bocejos contagiantes:** Helen Thompson, *Yawning spreads like a plague in wolves* [O bocejo espalha como praga nos lobos], Smithsonian. com, 27 agosto 2014, <https://www.smithsonianmag.com/science-nature/yawning-spread-plague-wolves 180952484/>.

8 **"Eles cuidam de seus filhotes":** Jim e Jamie Dutcher, *The wisdom of wolves: lessons from the Sawtooth Pack* [A sabedoria dos lobos: lições da alcateia Sawtoooth] (Washington, DC: National Geographic, 2018), 20-21.

Capítulo 2: (+) ou (-)?

1 **"Ei, mãe, hoje é 1º de outubro":** Julian Treasure, *How to speak so that people want to listen* [Como falar de um modo que as pessoas queiram ouvir], TEDGlobal 2013, Edimburgo, Escócia, junho 2013, <https://www.ted.com/talks/julian_treasure_how_to_speak_so_that_people_want_to_listen/transcript?language=en>.

2 **"A fé de Billy era mais uma 'fé apesar de'":** Hanspeter Nüesch, *Ruth and Billy Graham: the legacy of a couple* [O legado de um casal] (Grand Rapids: Baker, 2014), 193.

3 **"Algumas pessoas depreciam você":** Nüesch, *Ruth and Billy Graham,*194.

4 **"Alegro-me de que, quando Deus pinta":** Charles Swindoll, *Elijah: A man of heroism and humility* [Um homem de heroísmo e humildade] (Nashville: Thomas Nelson, 2000), 111.

5 **"Antes da batalha do soco":** *Kung Fu Panda 3*, dirigido por Alessandro Carloni e Jennifer Yuh Nelson (20th Century Fox Home Entertainment, 2016), DVD.

6 **"Você tem inimigos?":** Victor Hugo, "Villemain" (1848), em *The works of Victor Hugo* [As obras de Victor Hugo], vol. 14 (n.p.: Jenson Society, 1907), 67.

7 **"Foi o melhor dos tempos":** Charles Dickens, *A tale of two cities* (1859; repr. n.p.: Dover, 1999), 1.

8 **No livro *Extreme Ownership*:** Jocko Willink e Leif Babin, *Extreme ownership: how US Navy SEALs lead and win* [Propriedade extrema: como os SEALs da Marinha americana lideram e vencem] (New York: St. Martin's Press, 2015), 199.

9 **"Saberíamos que os acordes maiores eram doces":** Anônimo, *New York observer* 84, 29 novembro 1906, 713.

10 **mais de dois terços dos americanos:** National Center for Health Statistics, *Health, United States, 2016: With chartbook on*

long-term trends in health [Saúde, Estados Unidos, 2016: com mapas das tendências em longo prazo em saúde] (Hyattsville, MD, 2017), <https://www.cdc.gov/nchs/data/hus/hus16.pdf#053>.

[11] **a geração mais endividada:** Brené Brown, *The power of vulnerability* [O poder da vulnerabilidade], TEDxHouston, Houston, TX, junho 2010, <https://www.ted.com/talks/brene_brown_on_vulnerability>.

Capítulo 3: TSA na mente

[1] **"Atinge-se finalmente a perfeição":** Antoine de Saint Exupéry, *Terre des hommes* [Terra dos homens] (1939), trans. Lewis Galantière.

[2] **"A mente é um lugar em si mesma":** John Milton, *Paradise lost* [Paraíso perdido], livro 1, linhas 233-234.

[3] **"Um estudo da década de 1980":** Jena E. Pincott, *Wicked thoughts* [Pensamentos maus], *Psychology today*, 1º setembro 2015, <https://www.psychologytoday.com/articles/201509/wicked-thoughts>.

[4] **"os pensamentos são como os trens":** Kevin Gerald, *Mind monsters: conquering fear, worry, guilt, and other negative thoughts that work against you* [Monstros da mente: vencendo o medo, a preocupação, a culpa e outros pensamentos negativos que trabalham contra você] (Lake Mary, FL: Charisma House, 2012), 5.

[5] *I choo-choo-choose:* Se não entender a referência, por favor, assista a isto: <https://www.youtube.com/watch?v=eWuAIS7Vs_M>.

[6] **"Melhor errar mil vezes":** Theodore Roosevelt, *Administration—civil service* [Administração—serviço civil] (New York: Putnam, 1902), 146.

Capítulo 4: O segredo para uma vida infeliz

[1] **"Quanto sua vida seria maior":** G. K. Chesterton, *Orthodoxy* [Ortodoxia], em *G. K. Chesterton: collected works*, vol. 1 (San Francisco: Ignatius Press, 1986), 223.

[2] **para a maioria dos americanos, o ensino médio é o pior":** Samantha Zabell, *Sorry, parents: middle school is scientifically the worst,* [Desculpe pais: o ensino médio é cientificamente o pior] *Real Simple*, 25 janeiro 2016, <https://www.realsimple.com/work-life/family/kids-parenting/middle-school-worst-age-study>.

[3] **"A principal preocupação da vida espiritual":** Eugene Peterson, *Leap over a wall: earthy spirituality for everyday christians* [Um salto sobre o muro: a espiritualidade terrena para cristãos comuns] (San Francisco: HarperSanFrancisco, 1997), 99.

[4] **"Nós não podemos anestesiar de maneira seletiva as emoções":** Brené Brown, *The gifts of imperfection: let go of who you're supposed to*

be and embrace who you are [Dons de imperfeição: abra mão de quem você deveria ser e abrace quem você é] (Center City, MN: Hazelden, 2010), 70.

5 **"honestidade é o solo":** Donald Miller, *Scary close: dropping the act and finding true intimacy* [Assustadoramente perto: parando de fingir e encontrando a verdadeira intimidade] (Nashville: Nelson Books, 2014), 168.

6 **"Oh, que teia emaranhada tecemos":** Walter Scott, *Marmion* (Cambridge: Riverside Press, 1896), canto 6, linhas 532-533.

7 **"Deus não terá sua obra":** Ralph Waldo Emerson, *The essay on self-reliance* [O ensaio da autoconfiança] (East Aurora, NY: Roycrofters, 1908), 11.

Capítulo 5: Tenha cuidado com suas palavras

1 **"Bem, a Jerk Store ligou":** *Seinfeld,* temporada 8, episódio 13, *The comeback* [A volta], dirigido por David Owen Trainor, escrito por Gregg Kavet e Andy Robin, estrelando Jerry Seinfeld e Jason Alexander, exibido em 30 de janeiro de 1997, na NBC.

2 **Orville Wright ficou triste:** Nsikan Akpan, *8 Things you didn't know about Orville Wright* [8 coisas que você não sabia sobre Orville Wright], *Science*, 20 agosto 2015, <https://www.pbs.org/newshour/science/8-things-didnt-know-orville-wright>.

3 **"Eu lamento ter somente uma única vida":** David McCullough, *1776* (New York: Simon & Schuster, 2005), loc. 3568-3572, Kindle.

4 **"Sargento, a bala espanhola":** Mike Coppock, *Rough Ride: On San Juan Hill That July Morning, Disaster, Death, and Glory Were Just a Shot Away*, *American History*, nº 6, 2018, 39.

5 **"Vejo a terra afastando-se":** Greg Laurie, *Finding hope in the last words of Jesus* [Encontrando esperança nas últimas palavras de Jesus] (Grand Rapids: Baker Books, 2009), 9.

6 **"Oh, uau!":** Mona Simpson, *A sister's eulogy for Steve Jobs* [Um discurso funerário da irmã para Steve Jobs], *New York Times*, 30 outubro 2011, <https://www.nytimes.com/2011/10/30/opinion/mona-simpsons-eulogy-for-steve-jobs.html>.

7 **72 músculos diferentes para produzir um discurso:** *Human facts, science facts*, [Fatos humanos, fatos científicos] <http://www.science-facts.com/quick-facts/amazing-human-facts/>.

8 **16.000 palavras:** Richard Knox, *Study: men talk just as much as women* [Os homens falam tanto quanto as mulheres], NPR, 5 julho 2007, <https://www.npr.org/templates /story/story.php?storyId=11762186>.

NOTAS   197

9 **860,3 milhões durante a vida:** Alexander Atkins, *How many words does the average person speak in a lifetime?* [Quantas palavras em média uma pessoa comum fala durante a vida?] Atkins Bookshelf, 7 maio 2014, <https://atkinsbookshelf.blog/tag/how-many-words-does-the-average-person-speak-in-their-lifetime/>.

Capítulo 6: Se você diz que é assim

1 **"A principal atividade de Deus é abençoar":** Eugene H. Peterson, *As kingfishers catch fire: a conversation on the ways of God formed by the words of God* [Enquanto os martin-pescadores apanham o fogo: uma conversa sobre os caminhos de Deus formados por Sua palavra] (Colorado Springs: Waterbrook, 2017), 47.

2 **"As portas do inferno são trancadas":** C. S. Lewis, *The problem of pain* [O problema da dor] (1940; repr. New York: HarperCollins, 1996), 130.

3 **Ele escreveu *O gato do chapéu*:** Austin Kleon, *Steal like an artist: 10 things nobody told you about being creative* [Roube como um artista: 10 coisas que ninguém lhe falou sobre ser criativo] (New York: Workman, 2012), 138.

4 **Um pesquisador da Universidade de Harvard:** *Study reveals referees' home bias* [Estudo revela tendência de juízes decidirem em favor do time da casa], *BBC News*, 6 maio 2007, <http://news.bbc.co.uk/2/hi/uk_news/england/6629397.stm>.

5 **"Não pode haver pregação":** William Barclay, *The gospel of Mark* [O evangelho de Marcos], ed. rev. (Philadelphia: Westminster, 1975), 140.

Capítulo 7: Ser rude não é barato

1 **"Se quiser juntar mel":** Dale Carnegie, *How to win friends and influence people* [Como fazer amigos e influenciar pessoas] (1936; repr. New York: Pocket, 1998), 3.

2 **"Os participantes que foram tratados rudemente":** Christine Porath e Christine Pearson, The price of incivility: lack of respect hurts morale — and the bottom line [O preço da incivilidade: falta de respeito fere a confiança — e o resultado], em *Everyday emotional intelligence: big ideas and practical advice on how to be human at work* [Grandes ideias e conselho prático de como ser humano no trabalho] (Cambridge: Harvard Business Review, 2018), eBook.

3 **"pessoas que tinham observado um comportamento ruim":** Porath e Pearson, *The price of incivility* [O preço da incivilidade].

4 **"Quase todas as pesquisas indicam atualmente":** Gary Chapman, *Anger: taming a powerful emotion* [Ira: domando uma emoção poderosa] (1999; repr. Chicago: Moody, 2015), 86.

5 **"Se falar quando estiver irado":** A autoria dessa fala não pode ser determinada com certeza, mas um provável autor é Groucho Marx, do qual se diz ter dado esse conselho a um competidor em um programa de TV. Consulte *Speak when you're angry and you'll make the best speech you'll ever regret*, "Quote investigator", 17 maio 2014, <https://quoteinvestigator.com/2014/05/17/angry-speech/>.

6 **"Certo dia o vento e o sol":** Æsop, *Fables* [Fábulas], recontadas por Joseph Jacobs, vol. 17, parte 1, Harvard Classics (New York: P.F. Collier & Son, 1909-1914); Bartleby.com, 2001. <www.bartleby.com/17/1/>.

7 **"Se formos ser honestos com nós mesmos":** Lysa TerKeurst, *It's not supposed to be this way: finding unexpected strength when disappointments leave you shattered* [Não era para ser assim: encontrando força inesperada quando as frustrações o deixam destruído] (Nashville: Nelson, 2018), 165.

8 **"Se houver algum segredo para o sucesso":** Henry Ford, *How I made a success of my business* [Como transformei meu negócio num sucesso], *System,* novembro 1916.

9 **quando ouvimos uma história:** Brené Brown, *Rising strong: how the ability to reset transforms the way we live, love, parent, and lead* [Levantando-se forte: como a capacidade de reiniciar transforma o modo que vivemos, amamos, somos pais, e lideramos] (New York: Random House, 2015), 6.

10 **"Na ausência de dados":** Brown, *Rising strong* [Levantando-se forte], 79-80.

Capítulo 8: Retome os comandos

1 **"R2, tire-nos desse piloto automático!":** *Star Wars: episode 1—the phantom menace* [A ameaça fantasma] dirigido por George Lucas (1999; 20th Century Fox Home Entertainment, 2005), DVD.

2 **"Somos o que fazemos repetidamente":** Will Durant, *The story of philosophy: the lives and opinions of the world's greatest philosophers from Plato to John Dewey* [As vidas e opiniões dos maiores filósofos do mundo, de Platão a John Dewey] (1926; repr. New York: Pocket, 1953), 76.

3 **"OK, Google":** Estas são as respostas que Alexa me deu na época que escrevi este livro.

4 **"pesquisa sugere que nossa gama de habilidades emocionais":** Daniel Goleman, Richard Boyatzis e Annie McKee, *Primal leadership: the hidden driver of great performance* [O motivador oculto do excelente desempenho], em *Everyday emotional intelligence: big ideas and practical advice on how to be human at work* [Boas ideias e conselho prático de como ser humano no trabalho] (Cambridge: Harvard Business Review, 2018), eBook.

5 **De acordo com a pesquisa da Universidade Duke:** David T. Neal, Wendy Wood e Jeffrey M. Quinn, *Habits—a repeat performance* [Hábitos — um desempenho repetido], *Current directions in psychological science* 15, n° 4 (2006), 198.

6 **Os americanos passam até cinco horas por dia:** Sarah Perez, *US consumers now spend 5 hours per day on mobile devices* [Agora os americanos passam 5 horas por dia em dispositivos móveis], TechCrunch, 3 março 2017, <https://techcrunch.com/2017/03/03/u-s-consumers-now-spend-5-hours-per-day-on-mobile-devices/>.

7 *60 Minutes* **exibiu um especial:** Anderson Cooper, *Brain hacking* [Invasão da mente], *60 Minutes*, 9 abril 2017, transcrição disponível em <https://www.cbsnews.com/news/brain-hacking-tech-insiders-60-minutes/>.

8 **"tinidos vívidos de pseudoprazer":** Paul Lewis, *Our minds can be hijacked: the tech insiders who fear a smartphone dystopia* [Os *tech insiders* que temem a distopia pelo *smartphone*], *Guardian*, 6 outubro 2017, <https://www.theguardian.com/technology/2017/oct/05/smartphone-addiction-silicon-valley-dystopia>.

9 **"Ele lia em sete idiomas":** David McCullough, *The american spirit: who we are and what we stand for* [O espírito americano: quem somos e o que defendemos] (New York: Simon and Schuster), 27.

10 **"Consideramos estas verdades como evidentes por si mesmas":** Declaração da Independência, 1776.

11 **"Em algum lugar, em algum momento da trajetória":** McCullough, *American spirit*, 42.

12 **42% de maiores probabilidades de realizá-los:** Mary Morrissey, *The power of writing down your goals and dreams* [O poder de escrever seus objetivos e sonhos], *Huffington post*, atualizado em 6 dezembro 2017, <https://www.huffingtonpost.com/marymorrissey/the-power-of-writing-down_b_12002348.html>.

13 **ganham nove vezes mais:** Mark Milotay, *Practical goal setting: a guide for real people who want to live unreal lives* [Definição prática de

200   EU DECLARO GUERRA

objetivos: um guia para pessoas reais que querem viver uma vida irreal] (n.p.: CreateSpace, 2013), 5-6.

Capítulo 9: Inicie antes de estar pronto

[1] **A maneira de começar:** Dave Smith, *The quotable Walt Disney* [O incisivo Walt Disney] (New York: Disney Editions, 2001), 246.

[2] **Um físico chamado Hans van Leeuwen:** Sean Treacy, *Dominoes: more powerful than you think* [Dominós: mais poder do que você imagina], *Inside Science*, 30 janeiro 2013, <https://www.insidescience.org/news/dominoes-more-powerful-you-think>.

[3] **Eu deparei com uma lenda fascinante:** Nikola Slavkovic, *A piece of paper as big as the universe!* [Um pedaço de papel do tamanho do universo!], 10 junho 2014, YouTube video, 2:34, <https://www.youtube.com/watch?time_continue=69&v=AAwabyyqWK0>.

[4] **Se tentar dobrar uma simples folha:** *MythBusters, underwater car*, temporada 5, episódio 3, transmitida em 24 de janeiro de 2007, no Discovery Channel, estrelando Tory Belleci e Kari Byron.

[5] **se de algum modo, você pudesse atingir 103 dobradas:** *How many times can you really fold a piece of paper in half?* [Quantas vezes você consegue dobrar uma folha de papel na metade?], Relatively Interesting, 6 agosto 2015, <http://www.relativelyinteresting.com/how-many-times-can-you-really-fold-a-piece-of-paper-in-half/>.

[6] **"O bem e o mal crescem ambos":** C. S. Lewis, *Mere christianity* [Cristianismo puro e simples] (1952; repr. New York: HarperOne, 2001), 133.

[7] **"Um homem pode ser tão grande quanto quiser":** *Famous quotes by Vince Lombardi* [Citações famosas por Vince Lombardi], Vince Lombardi (*website*), <http://www.vincelombardi.com/quotes.html>.

[8] **"A partir do momento que tiver assumido esse compromisso":** *Famous quotes* [Citações famosas].

[9] **"Quanto mais árduo você trabalha":** *Famous quotes* [Citações famosas].

[10] **"Toda vez que alguém faz uma mudança importante":** Bernard Roth, *The achievement habit: stop wishing, start doing, and take command of your life* [O hábito de conquistar e assumir o comando da sua vida] (New York: HarperCollins, 2015), 105.

[11] **"Se puder quebrar um hábito":** Charles Duhigg, *The power of habit: why we do what we do in life and business* [O poder do hábito: por que fazemos o que fazemos na vida e nos negócios] (New York: Random House, 2012), 20, 62.

NOTAS   201

Capítulo 10: O jogo antes do jogo

[1] **"Finalmente disseram para ele ir em frente":** Tom Wolfe, *The right stuff* [A coisa certa] (New York: Picador, 1979), 198.

[2] **Em seu livro *10-Minute Toughness*:** Jason Selk, *10-Minute toughness: the mental training program for the winning before the game begins* [Dez minutos de dureza: o programa de treinamento mental para o vencedor antes de o jogo começar] (n.p.: McGraw-Hill, 2009), 23-24.

[3] **TED talk de Amy Cuddy:** Amy Cuddy, *Your body language may shape who you are* [Sua linguagem corporal pode moldar quem você é], TEDGlobal 2012, Edimburgo, Escócia, junho 2012, <https://www.ted.com/talks/amy_cuddy_your_body_language_shapes_who_you_are?language=en>.

[4] **Os pesquisadores descobriram que as pessoas respondem:** Sebastien Gendry, *Urban myth: it takes more muscles to frown than to smile* [Mito urbano: é preciso mais músculos para franzir a testa do que para sorrir], Laughter Online University, acessado em 24 de abril de 2018, <http://www.laughteronlineuniversity.com/true-false-takes-43-muscles-frown-17-smile/>.

[5] **Ver alguém exibir expressões faciais:** David E. Nielson, *The 9 dimensions of conscious success: it's all about YOU!* [As 9 dimensões do sucesso consciente: só depende de você!] (Shippensburg, PA: Sound Wisdom, 2018), 163.

[6] **Em um estudo na França:** Travis Bradberry e Jean Graves, *Emotional intelligence 2.0* [Inteligência emocional 2.0] (San Diego: TalentSmart, 2009), 114-115.

Capítulo 11: Jamais traga um cavalo para uma guerra de tanques de guerra

[1] **"Mas recebereis poder":** Atos 1.8.

[2] **"Satanás treme ao ver":** William Cowper, *What various hindrances we meet* [Quais os vários impedimentos que encontramos], *Olney Hymns* (London: W. Oliver, 1779), nº 60.

[3] **o programa de TV *MythBusters* foi chamado originariamente de:** Gary Strauss e USA Today, *MythBusters is the stuff of legends, tall tales* [Mythbusters é sobre lendas, relatos absurdos], *ABC News*, 20 janeiro 2008, <https://abcnews.go.com/Technology/story?id=4160444&page=1>.

Capítulo 12: Borboletas e águias

[1] **"Os erros não são um mal necessário":** Ed Catmull com Amy Wallace, *Creativity, Inc.: overcoming the unseen forces that stand in the way of true*

EU DECLARO GUERRA

Inspiration [Superando as forças invisíveis que atrapalham a verdadeira inspiração] (New York: Penguin, 2014), eBook.

2 **Se houvesse uma única oração:** Charles Spurgeon, *The superlative excellence of the Holy Spirit* [A excelência superlativa do Espírito Santo], 12 junho 1864.

3 **A igreja está fraca hoje:** Charles Spurgeon, *Receiving the Holy Spirit* [Recebendo o Espírito Santo], 13 julho 1884, <https://www.spurgeongems.org/vols28-30/chs1790.pdf>.

Capítulo 13: Uma viagem ao depósito de lixo

1 **"transbordando de lixo":** Roberto A. Ferdman, *What happens to a city when its street cleaners go on strike* [O que acontece a uma cidade quando os varredores de rua entram em greve], Quartz, 13 novembro 2013, <https://qz.com/146902/what-happens-to-a-city-when-its-street-cleaners-go-on-strike/>.

2 **"Jamais devo pensar que um pecado seja pequeno demais":** Andrew A. Bonar, ed., *Memoir and remains of the rev. Robert Murray McCheyne* [Memórias e restos mortais do rev. Murray McCheyne] (Philadelphia: Presbyterian Board of Education, 1844), 182.

3 **a Torre Millennium, com 196 metros:** John Wertheim, *San Francisco's leaning tower of lawsuits* [Processos das torres que estão inclinando em San Francisco], *60 Minutes*, transmitido em 5 de novembro de 2017, CBS, transcrição disponível em <https://www.cbsnews.com/news/san-franciscos-leaning-tower-of-lawsuits/>.

Conclusão

1 **"Preciso estudar":** John Adams to Abigail Adams, 12 maio 1780, edição eletrônica, *Adams Family papers: an electronic archive*, Massachusetts Historical Society, <http://www.masshist.org/digitaladams/archive/doc?id=L17800512jasecond>. A grafia original foi preservada.

2 **O monarca tem 2,75 metros de altura:** Bill O'Reilly e Martin Dugard, *Killing England: The brutal struggle for american independence* [Matando a Inglaterra: a luta brutal pela independência americana] (New York: Henry Holt, 2017), 83.

3 **"Com cordas e barras":** David McCullough, *1776* (New York: Simon and Schuster, 2005), 137.

4 **as cartas às de espadas no capacete:** *Ace of spades in the Vietnam war* [Ás de espadas na guerra do Vietnã], postado por vlogger, 14 novembro 2013, <http://www.military.com/video/operations-and-strategy/vietnam-war/ace-of-spades-in-vietnam-war/2838824484001>.

NOTAS   203

5   **Um estudo revelou que passar por:** Daniel Goldman et al., *Harvard business review: on emotional intelligence* [Sobre a inteligência emocional] (Harvard Business Press, 2015).

6   **"A força da alcateia":** Rudyard Kipling, *The second jungle book* [O segundo livro da selva] (Leipzig: Tauchnitz, 1897), 33.

SOBRE O AUTOR

Levi Lusko, autor dos *best-sellers Through the eyes of a lion* e *Swipe right*, é o pastor líder da Igreja *Fresh Life*, em Montana, Wyoming, Oregon e Utah. Ele e sua esposa, Jennie, têm um filho, Lennox, e quatro filhas: Alivia, Daisy, Clover e Lenya, que está no céu. Levi viaja pelo mundo falando de Jesus.